KB043837

미술과 저작권

미술과 저작권

2017년 5월 20일 초판 1쇄 인쇄
2017년 5월 30일 초판 1쇄 발행

지은이 하병현, 윤용근
발행인 손건
편집기획 김상배, 홍미경
마케팅 이언영
디자인 김지영
제작 최승용
인쇄 선경프린테크

발행처 LanCom 랭컴
주소 서울시 영등포구 영신로 38길 17
등록번호 제 312-2006-00060호
전화 02) 2634-0178 02) 2636-0895
팩스 02) 2636-0896
홈페이지 www.lancom.co.kr

ISBN 979-11-88112-03-6   03300

저작권 시리즈 3

하병현 · 윤용근 지음

미술과 저작권

북스데이
BOOK'S DAY

머리말

저작권과 관련해서 가장 흔하게 문제되는 것은 '이미지' 저작권에 관한 것이지만 우리 저작권법에는 이미지와 관련하여 별도의 규정을 두고 있지는 않다. 실무적으로 이미지라고 하면 '모양, 색채, 형상 등 시각적으로 표현되는 사진, 디자인, 미술 작품 등을 디지털화한 것을 총칭하여 일컫는 말'이라고 정의할 수 있을 것이다. 이미지의 내용이 사진이면 사진저작물이 되고, 디자인이나 미술 작품이면 미술저작물이 되는 것이다. 물론 사진이나 디자인, 미술 작품이라고 해서 모두 저작권법상 보호를 받는 것은 아니다.

언젠가 어느 이미지 제공업체가 일반 회사 등을 상대로 이미지 무단사용에 대해 대대적인 경고와 함께 손해배상을 청구한 적이 있었다. 일반 회사 등이 운영하는 홈페이지에서 자신들이 관리하거나 저작권을 가지고 있는 이미지를 무단사용한 것을 찾아내면 봐주는 법이 없었다. 문제는 일반 회사 등에서는 홈페이지의 제작이나 관리를 외부업체에 맡기는 것이 보통이기 때문에 이미지 사용에 관한 정당한 권한이 있는지 여부를 알기 어렵다는 것이다.

이런 상황에서는 실제 무단사용자와 그에 따른 책임을 부담해야 하는 주체가 달라지는 문제가 발생하기도 한다. 따라서 이미지를 사용할 때는 그것이 무료 이미지인지, 무료 이미지라고 하더라도 어떠한 조건 하에서 사용할 수 있는 것인지 등을 면밀히 살펴서 이미지 사용에 따른 저작권 침해 문제가 발생하지 않도록 주의할 필요가 있다.

필자는 미술관이나 전시회에 가도 작품 감상보다는 전시된 작품들을 저작권적인 측면에서 바라보게 된다. 일종의 직업병(?) 아닌가 싶다. 회화와 같은 일반적인 미술 작품은 전통적인 관점에서 저작권 논쟁이 일어날 일이 크지 않지만, 설치 미술 등과 같이 일반인들이 상대적으로 이해하기 어려운 예술 작품의 경우에는 이를 저작권적으로 어떻게 해석해야 할지가 문제될 수 있다.

기존 설치 미술과 비슷한 설치 미술이 저작권 문제에 휩싸였을 때, 어느 정도의 변형 범위 내에서 그것들이 실질적으로 비슷하다고 할 수 있는지 또는 어느 정도의 변형이 이루어져야 독립된 미술 작품으로 볼 수 있는지 판단하는 것은 말처럼 그리 쉬운 일이 아니다. 예술과 법이라는 두 가지 선택지에서 어느 한 가지를 택하는 문제가 아니라, 법의 테두리 안에서 예술을 담아내야만 하는 참으로 어려운 과제를 우리에게 던져주기 때문이다.

이러한 이유로 미술저작물과 관련하여 그것이 저작권 침해에 해당하는지 여부를 판단하기 위해서는 법적인 소양은 물론이고 미술에 대한 깊은 조예가 있어야만 가능하다고 할 수 있다. 필자는 이러한 점을 감안하여 이 책에서 디자인을 포함한 미술저작물과 관련된 여러 이슈들을 최대한 쉽게, 압축적으로 담아보려고 노력했다. 이런 마음이 미술 관련자들과 이 책을 읽는 모든 독자들에게 고스란히 전해질 수 있기를 바래 본다.

전작 〈캐릭터와 저작권〉, 〈음악과 저작권〉에 보여주신 독자 여러분의 기대 이상의 호응과 격려에 감동과 기쁨과 뿌듯함과 감사를 느끼며 세 번째 책 〈미술과 저작권〉 역시 독자 여러분에게 필요한, 좋은 책이 되기를 바래 본다. 앞으로도 독자들이 필요에 따라 분야별로 골라 읽을 수 있도록 극저작물, 출판 등 다양한 저작권 관련 책을 계속 출간할 예정이다. 여러분의 많은 관심 부탁드리며, 끝으로 이 책이 나오기까지 도움을 주신 모든 분들과 특히 바쁜 변호사 업무에도 불구하고 이 책을 위해 판례와 자료검색에 도움을 준 정상경·이선행 변호사에게 깊은 감사의 마음을 전한다.

2017. 3.
여의도 사무실에서 봄이 다가옴을 느끼며

목차

사건별 목차

PART

01

미술 저작권에
관한 얘기를
시작하며

저작권법에서는 저작물의 종류를 9가지로 예시하고 있는데 (저작권법 제4조 제1항) 그 가운데 미술저작물과 관련해서는 '회화·서예·조각·판화·공예·응용미술저작물 그 밖의 미술저작물'이라고 규정하고 있다(저작권법 제4조 제1항 제4호). 그런데 그 내용 가운데 조금 낯선 용어가 등장한다. 바로 응용미술저작물이다. 저작권법에서는 응용미술저작물을 '물품에 동일한 형상으로 복제될 수 있는 미술저작물로서 그 이용된 물품과 구분되어 독자성을 인정할 수 있는 것을 말하며, 디자인 등을 포함한다(저작권법 제2조 제15호)'라고 규정하고 있다.

이러한 응용미술저작물을 중심으로 위 저작권법 규정을 해석해 보면, 물품에 동일한 형상으로 복제될 수 있는 미술저작물(예컨대, 냉장고 등에 적용되는 디자인 패턴)이 그 냉장고 등과 별개의 독자적인 미술저작물로 인정되는 경우에는 응용미술저작물이 되어, 저작권법 제4조 제1항 제4호에서 규정하고 있는 미술저작물의 한 유형으로서 저작권법상 저작물로 인정받을 수 있다. 반면에, 위 냉장고 등에 적용된 디자인이 그 이용된 물품인 냉장고 등과는 별개의 독자적인 미술저작물로 인정되지 않는 경우에는 단순한 응용미술에는 해당될지언정 저작권법이 예정하고 있는 응용미술저작물은 아니게 되어(저작권법 제2조 제15호), 저작권법상 보호받을 수 없게 된다.

그런데 실제 예술가로서 미술 활동을 하는 사람들의 경우를 제외하고 흔히 우리가 주변에서 접하게 되는 대부분의 미술들은 제품에 삽입되거나 새겨진 디자인들이라고 할 수 있다.

따라서 순수 예술 활동으로서의 작품이 아닌 제품과 관련된 디자인은 결국 위에서 본 응용미술 또는 응용미술저작물의 영역에 속하게 된다. 그렇기 때문에 이러한 디자인들과 관련된 저작권 침해 사건에서는 그것이 저작권법상 보호 받을 수 있는 응용미술저작물인지 여부에 관한 판단이 항상 선행될 수밖에 없는 것이다.

저작권법에서는 저작물의 정의와 관련하여 '인간의 사상과 감정을 표현한 창작물'이라고 규정하고 있다(저작권법 제2조 제1호). 이러한 저작물 개념과 관련해서 보면 위와 같은 디자인이라도 그것이 창작적인 표현 형식에 해당하기만 하면 저작물로서 보호받는 것이 마땅할 것이다. 그러나 저작권법에서는 이러한 디자인에 대해 비록 미술저작물에 해당하더라도 제품과 구분되어 독자성이 인정되지 않는 경우에는 그 저작물성을 인정하지 않고 있는데, 이는 디자인보호법상 디자인과의 형평성을 고려한 것이라고 볼 수 있다.

일반적으로 제품과 관련된 디자인은 디자인보호법에 따라 보호를 받는데, '디자인권'으로 보호를 받으려면 출원을 통해 등록을 받아야 하는 등 번거로운 절차를 거쳐야 하는 것은 물론이고 소요되는 경비 또한 만만치 않은 반면에 저작권은 등록 등 어떠한 절차나 형식을 거칠 필요 없이 창작과 동시에 발생하고 또한 저작물이 되기 위해서는 '창작적 표현'이기만 하면 되기 때문에 아주 간편하고 쉽게 보호를 받을 수가 있기 때문이다.

이러한 측면에서 보면, 제품 관련 디자인에 대해서는 굳이 이를 디자인권으로 등록할 필요 없이 저작권으로만 보호를 받더라도 충분하다고 느낄 수 있다. 따라서 이러한 디자인권 과 저작권의 보호 특징들을 감안해서, 저자권법은 제품 디 자인과 관련된 미술저작물의 경우에는 그것이 응용미술저작 물의 요건에 해당하는 경우에 한해서만 저작물성을 인정하 여 저작권법적인 보호를 해주고, 그 나머지는 디자인권 등 록을 통해 보호를 받도록 유도하고 있는 것이다.

한편, 순수 예술로서의 미술 작품은 통상적인 저작물성 판 단에 따라 그 보호가 결정된다. 일반적으로 예술작품으로서 의 미술은 그것이 다른 사람의 것을 모방해서 만들어진 것 만 아니면 거의 대부분 미술저작물로서 보호를 받게 된다. 그러나 미술의 영역은 우리가 흔히 알고 있는 회화나 조각 등에만 국한되는 것이 아니라 장소 특정적 미술 등 일반인 들이 쉽게 이해할 수 없는 다양한 분야들이 있다.

따라서 저작권법적인 측면에서 미술저작물의 보호와 그 침 해 여부에 관한 판단도 전통적인 미술의 그것에 머물러 있 을 것이 아니라 현대 미술이 가지는 여러 가지 특징들을 충 분히 고려해서 예술가들의 창작 의욕을 고취시키면서 이를 통해 우리 문화도 함께 향상 발전할 수 있는 기초 하에서 이 루어져야 할 것이다.

이 책에서는 미술과 관련된 여러 사례들을 통해 우리 법원이 어떤 기준에서 그 저작물성과 저작권 침해 여부를 판단하고 있고, 그 판단의 저변에는 어떠한 논리가 깔려 있는지 세세하게 살펴볼 것이다.

다만, 미술 관련 저작권에 대해 본격적으로 살펴보기에 앞서, 저작권과 관련된 기본적인 내용들을 숙지하고 그 기초를 다짐으로써 저작권을 바라보는 보다 넓은 안목을 키울 필요가 있다. 이에 다음 Part 2에서는 저작권 침해 여부를 판단함에 있어서 거의 전부라고 해도 과언이 아닌 저작물성에 관한 내용을 비롯하여 저작권 전반을 이해하기 위한 여러 핵심적인 내용들을 다룬다. 독자들은 Part 2의 전체 내용을 한 번 정독하는 것이 이 책에 있는 미술과 관련된 사례들을 보다 깊이 있게 이해하는데 도움이 될 것으로 생각된다.

그럼 지금부터 그동안 우리가 대략적으로만 알고 있었거나 미처 알지 못했던 미술 저작권에 관한 여러 가지 이야기를 해나가도록 하겠다.

핵심만 요약한
저작권법
사용설명서

개요

저작권 침해 사건에서는 보통 저작권 침해를 주장하는 사람은 "네 것이 내 것과 똑같거나 비슷하다"라고 주장하고, 상대방은 그 반대로 "내 것은 네 것과 똑같지도 비슷하지도 않다"라고 반박한다. 물론 그런 경우에 어느 한쪽이 틀렸다고 딱 잘라 단정하기 어렵고, 각자의 주장에 나름대로의 논리가 있다 해도 실제 저작권 소송에서는 이렇게 단순한 반박 논리만으로 자신의 주장을 관철시킬 수 없기 때문에 자신의 주장을 뒷받침하는 뚜렷한 근거를 제시할 필요가 있다. 그래서 저작권에 관한 전체적인 개요를 먼저 알 필요가 있는 것이다.

예를 들어, 갑은 을이 만든 B 콘텐츠가 자신이 창작한 A 콘텐츠와 똑같거나 비슷하다고 하면서 저작권 침해를 주장하고 있다. 이 경우 을은 뭐라고 반박하면 될까? 보통은 앞에서 본 것처럼 "B는 A와 똑같지도 않고 비슷하지도 않다!"라고 주장하게 될 것이다. 그런데 누가 봐도 B가 A와 똑같거나 실질적으로 비슷하다면 어떻게 해야 할까?

그냥 저작권을 침해했다는 사실을 인정해야 할까? 을의 입장에서는 절대로 인정할 수 없는 상황이라도 입 꾹 다물고 그저 갑이 청구하는 손해배상금액이 많다는 것만 다투어야 할까? 결론부터 말하면 절대로 그렇지 않다!

갑의 저작권을 침해당했다고 주장하기 위해서는, ① 갑이 창작한 A가 저작권법상 보호받을 수 있는 저작물이어야 하고, ② 그 저작권자가 갑이어야 하며, ③ 을이 정당한 권원(행위를 정당화하는 법률적 원인) 없이 A를 보고 A와 똑같거나 실질적으로 비슷한 B를 만들었어야만 한다. 이 세 가지 모두를 충족해야만 비로소 '을은 갑의 저작권을 침해했다'고 할 수 있는 것이다. 그렇다면 이렇게 B가 A와 똑같거나 실질적으로 비슷한 경우에 을은 어떻게 반박할 수 있을까? 을은 크게 세 가지를 주장할 수 있다.

첫째, 갑이 창작했다는 A는 저작물이 아니다.
둘째, A가 저작물이라 하더라도 갑은 저작권자가 아니다.
셋째, A를 보고(의거해서) B를 만든 것이 아니다.

이 세 가지 가운데 어느 하나라도 입증할 수 있으면 을은 갑의 저작권을 침해하지 않은 것이 된다. 따라서 이 세 가지는 저작권 침해 사건에서 방어자가 항상 마음속에 새겨 두고 있어야 하는 가장 기본적이고 중요한 반박 논리라고 할 수 있다.

저작물

저작물은 '인간의 사상이나 감정을 표현한 창작물' 이다.

저작권 침해 사건에서 당사자들이 가장 치열하게 다투는 것이 바로 저작물성에 관한 것이다. 앞에서 예를 든 것처럼 A가 저작물이 아니라면 갑은 A에 대해 저작권을 가지지 못하고, 그렇게 되면 갑은 저작권자가 아니므로 을을 포함한 그누구에게도 저작권 침해를 주장할 수 없게 된다. 따라서 을은 갑이 만든 A가 저작물이 아니라는 것을 주장하고 입증할 필요가 있다.

저작물은 '인간의 사상이나 감정을 표현한 창작물' 이라고 정의된다(저작권법 제2조 제1호). 따라서 저작물이 되기 위해서는 ① 인간이 만들어야 하고 ② 표현되어야 하며 ③ 창작성이 있어야 한다. 저작물이 되기 위해서는 이 세 가지 요건 모두를 반드시 충족해야 하기 때문에 이들 요건 가운데 어느 하나라도 흠결이 생기면 저작물이 아니게 된다. 그렇다면 A의 저작물성 여부와 관련된 B의 반박 논리는 이미 정해져 있는 셈이다.

첫째, A는 인간이 만든 것이 아니다.
둘째, A는 표현된 것이 아닌 아이디어에 불과할 뿐이다.
셋째, A는 창작성이 없다.

1 저작물은 **인간**이 만든 것이어야 한다.

저작물은 인간이 만든 것이어야만 한다. 외국에서는 원숭이가 촬영한 셀카 사진이 저작물에 해당하는지 여부가 문제된 경우가 있었지만, 이와 관련하여 크게 이슈가 된 경우는 현재까지 거의 없다. 참고로 그 사건에서 법원은 원숭이 셀카 사진은 인간이 아닌 원숭이가 찍은 것이기 때문에 저작물이 아니라는 판결을 내렸다.

물론 앞으로는 알파고와 같은 인공지능(AI)이 그린 그림이나 문학작품 등이 저작물에 해당하는지 여부가 문제될 가능성도 있다. 그러나 이러한 것들은 아직 현실적으로 크게 문제되는 경우가 없고, 추후 저작권법의 개정 등 보다 심도 있는 논의가 필요한 영역이기 때문에 이 책에서는 이에 관한 추가적인 논의는 생략하기로 한다.

2 저작물은 **표현**되어 있어야 한다.

저작물이 되기 위해서는 표현되어 있어야 한다. 저작권법은 표현된 것만을 그 보호 대상으로 삼고 있기 때문에 표현되지 않은 아이디어는 저작권법상 보호 대상이 아니다. 이를 '아이디어와 표현의 이분론' 이라고 하는데 요약하면 '아이디어는 그것이 아무리 독창성이 있어도 저작권법상으로는 보호받지 못한다' 는 이론이다. 그래서 다른 사람의 아이디어를 무단으로 빌려 쓰더라도 표현을 베끼는 것이 아니기 때문에 도덕적으로는 문제가 될지언정 저작권 침해에는 해당하지 않게 된다.

예를 들어, 갑이 창작한 캐릭터 A와 을이 만든 캐릭터 B는 모두 머리가 크고 몸이 작은 형상을 하고 있지만 구체적인 디자인은 전혀 다르다고 하자. 이런 경우에 갑이 을에게 저작권 침해를 주장한다면 그 주장의 내용은 A와 B 모두 '머리가 크고 몸이 작다' 는 점이 같다는 것이다.

그런데 캐릭터의 머리가 크고 몸이 작다는 것은 구체적인 표현을 의미하는 것이 아니다. 머리가 크고 몸이 작다고 했을 때, 그것은 단지 머리 비율과 몸의 비율이 정상적인 인간이나 동물의 형상과 다를 뿐 표현하는 사람에 따라 얼마든지 달라질 수 있는 것이어서, 이를 그림으로 표현할 수 있는 방법은 무한대라고 할 수 있기 때문이다.

이처럼 표현되지 않은 관념 등을 아이디어라고 하고, 이러한 아이디어는 그것이 기술적 사상 등으로 특허법상 보호되는 것은 별론으로 하고, 저작권법상으로는 어떠한 경우에도 보호받지 못한다.

3 저작물은 **창작성**이 있어야 한다.

저작물이 되기 위해서는 그것이 창작성 있는 창작물이어야 한다. 창작물은 '저작자 자신의 작품으로서 남의 것을 베낀 것이 아니면 되고, 그 수준이 높아야 할 필요도 없다. 다만, 저작권법에 의한 보호를 받을 가치가 있는 정도로 최소한도의 창작성은 있어야 한다.[1] 그래서 A와 B가 그 표현에 있어서 동일성 또는 실질적 유사성이 있는 경우라면, 을은 A가 창작물이 아니라고 주장하는 것 말고는 별다른 방법이 없다. 이런 경우에 을은 어떤 주장을 할 수 있을까? 크게 네 가지를 주장할 수 있다.

첫째, 그것은 누구라도 그렇게 밖에는 표현할 수 없다.
둘째, 종래부터 이미 존재하던 표현이다.
셋째, 통상적인 표현이다.
넷째, 문구가 짧고 의미가 단순해서 사상이나 감정의 표현이라고 할 수 없다.

(1) 누구나 그렇게 표현할 수밖에 없는 것은 창작물이 아니다.

저작물을 표현할 수 있는 방법이 제한적이어서 누구라도 그렇게 표현할 수밖에 없는 경우라면 그러한 것은 창작물이라고 할 수 없다. 이를 '아이디어와 표현의 합체' 라고 한다.

---

1) 대법원 1997. 11. 25. 선고 97도2227 판결 참조

만일 이러한 것을 창작물로 인정해서 맨 처음 표현한 사람에게 저작권을 부여한다면, 그 후 그것을 그렇게 표현할 수밖에 없는 다른 사람들은 항상 맨 처음 표현한 사람의 저작권을 침해할 수밖에 없게 된다. 또한 맨 처음 표현했다고 주장하는 사람 이전에도 다른 누군가가 그것을 똑같이 또는 거의 비슷하게 표현했을 가능성이 상당히 높기 때문에 결국 그것은 누구의 창작물인지 정확하게 가릴 수 없는 경우가 되어버린다. 따라서 이러한 저작물의 경우에는 그것과 똑같거나 거의 비슷하게 표현했더라도 타인의 창작물을 베낀 것이라고 볼 수는 없기 때문에 저작권 침해라고 하지 않는다.

예를 들어, 갑이 디자인한 야구 방망이 A와 을이 디자인한 야구 방망이 B가 서로 똑같거나 거의 비슷하다고 하자. 이런 경우에 만일 갑이 A와 B가 서로 똑같거나 거의 비슷하다는 이유를 들어 저작권 침해라고 주장한다면, 이 경우 을은 뭐라고 해야 할까?

외관상으로 볼 때 A와 B가 똑같거나 실질적으로 비슷한 경우에는, 단순히 똑같지 않다거나 실질적으로 비슷하지 않다고 주장하는 것은 아무 소용이 없으니 다른 반박 논리를 찾아야만 한다. 그럴 때 필요한 것이 바로 아이디어와 표현의 합체! A는 이렇게 주장할 수 있다.

"누가 그리더라도 야구 방망이는 그렇게 그릴 수밖에 없다. 그런데 갑이 먼저 야구 방망이를 그렸다고 해서 그것이 창작성이 있는 저작물이 된다면, 그 이후에 야구 방망이를 그리는 사람들은 모두 갑의 저작권을 침해하게 된다는 것인데, 이건 말이 안 된다. 그리고 갑이 그린 야구 방망이와 똑같거나 거의 비슷한 야구방망이 그림은 갑이 A를 그리기 이전에도 많이 있었다."

창작물은 거기에 저작자의 개성과 독창성이 녹아 있어야 한다. 그런데 누가 하더라도 그렇게 표현할 수밖에 없는 경우라면 거기에 그 저작자만의 개성과 독창성이 녹아 있다고 할수는 없을 것이다. 따라서 이러한 경우는 저작물이 될 수가 없는데, 그 이유는 물론 창작성이 없기 때문이다.

(2) 종래부터 이미 존재한 표현은 창작물이 아니다.

저작권 침해라고 주장되는 부분과 똑같거나 거의 비슷한 표현이 종래부터 이미 존재하고 있는 경우라면, 그것은 저작권 침해를 주장하는 사람의 창작물이라고 할 수 없다. 때문에 이런 경우 누군가 그 표현과 같거나 비슷한 것을 만들었더라도 이를 저작권 침해라고 할 수는 없다. 물론 그 종래 표현의 저작권자가 저작권 침해를 주장한다면 다른 특별한 방어 논리가 없는 한 저작권 침해가 되는 것은 어쩔 수가 없다. 그러나 분명한 건 저작권 침해를 주장하는 사람의 그것이 예전부터 이미 존재하고 있던 표현이라면 그것은 그 사람의 저작물이라고 할 수 없기 때문에 저작권 침해 문제는 발생하지 않게 된다는 것이다.

예를 들어, 갑이 독수리 모양의 풍선 A를 만들었는데, 을이 A와 똑같이 생긴 독수리 모양의 풍선 B를 만들었다고 하자. 이 경우 갑이 저작권 침해를 주장한다면 을은 뭐라고 반박해야 할까?

"독수리 모양의 풍선은 누가 만들어도 그렇게 만들 수밖에 없다!"라고 주장할 수 있을 것이다. 그러나 아무리 독수리 모양을 단순화한 풍선이라고 해도 완전히 똑같은 모양으로 만들었다면 아무래도 설득력이 부족하다. 그렇다면 어떻게 해야 할까?

이런 경우에 가장 좋은 방법은 갑이 만든 독수리 풍선과 똑같거나 거의 비슷한 기존의 독수리 풍선을 찾아내서 갑도 종래부터 존재한 독수리 풍선을 보고 베꼈다고 주장하는 것이다. 만약 을이 똑같은 모양을 가진 기존의 독수리 풍선을 찾아낸다면 갑은 저작권 침해를 주장할 수 없게 된다. 하지만 그런 풍선을 찾지 못한다면 을은 결국 저작권 침해를 피하기 어렵게 될 것이다.

이처럼 저작권 소송에서 저작물성에 관한 주장과 입증은 재판의 승패를 판가름하는 매우 중요한 역할을 한다. 따라서 방어를 하는 사람의 입장에서는 먼저 자신이 어떤 식으로 주장하고 반박해야 하는지 알아야 하고, 자신의 반박을 뒷받침할 수 있는 증거를 찾기 위해 많은 시간과 노력을 들이는 것이 무엇보다 중요하다.

(3) 통상적인 표현은 창작물이 아니다.

저작권이 침해되었다고 주장되는 부분이 통상적인 표현에 불과하다면 그것이 아무리 똑같거나 비슷하더라도 이를 두고 저작권 침해라고 할 수는 없다. 일상생활에서 흔히 쓰이는 표현을 창작물로 볼 수는 없기 때문이다.

예를 들어, 갑이 저작한 희곡 A에 '팩트(fact) 체크하세요!'라는 대사가 나오는데, 을이 저술한 소설에도 위와 같은 문구가 나온다고 하자. '팩트 체크하세요!'라는 말은 '어떤 말이나 문구 등이 사실과 일치하는지 여부를 확인하라'는 의미로 일상생활에서 흔히 쓰이는 표현이다.

따라서 이러한 통상적인 표현을 갑이 자신의 어문저작물(언어나 문자, 말로 표현된 저작물)에 먼저 사용했다고 해서 거기에 저작권이 부여된다면, 그 이후에 그 말을 사용하려고 하는 사람들은 항상 갑의 허락을 받아야 하는 불합리한 상황이 발생하게 된다.

다만, '팩트 체크하세요!'라는 표현이 통상적인 표현에 해당하는지 여부에 관해서는 다른 작품 등에서 그와 똑같거나 비슷한 표현을 찾아 이를 증거로 제출할 필요가 있다. 그러나 이러한 통상적인 표현은 누구나 흔하게 사용하는 말이기 때문에 갑이 희곡 A에 사용하기 이전에 이미 발표된 다른 작품들 속에서 그러한 표현은 쉽게 발견할 수 있을 것이다.

그렇다면 결국 '팩트 체크하세요!'라는 표현은 갑이 창작한 것이 아니게 되고, 그러면 당연히 그것은 갑의 저작물이 아닌 것이고, 따라서 갑은 그 말에 관해 저작권을 가지지 못하게 되므로, 결과적으로 을은 갑의 저작권을 침해하지 않게 되는 것이다.

(4) 문구가 짧고 의미도 단순한 제목 등은 창작물이 아니다.

문구가 짧고 의미도 단순한 것은 거기에 어떤 보호할 만한 독창성이 있다고 할 수 없으므로 창작물로 보기 어렵다. 특히 제목의 경우, 법원은 일관되게 "제목 자체는 저작물의 표지에 불과하고 독립된 사상이나 감정의 창작적 표현이라고 보기 어렵다"는 이유로 그것의 창작물성을 부정하고 있다.[2]

2ne1의 〈내가 제일 잘나가〉와 삼양식품의 〈내가 제일 잘나가 사끼 짬뽕〉 사건에서도 법원은 "대중가요의 제목인 〈내가 제일 잘 나가〉는 '내가 인기를 많이 얻거나 사회적으로 성공하였다'는 단순한 내용을 표현한 것으로써, 그 문구가 짧고 의미도 단순하여 창작성이 없고, 비록 노래에 '내가 제일 잘나가'라는 가사가 반복해서 나온다고 해도 그것만으로 저작물로 보호되는 것은 아니다"라고 판시함으로써, 대중가요 제목의 저작물성을 부정했다.[3]

---

2) 대법원 1977. 7. 12. 선고 77다90 판결
3) 서울중앙지방법원 2012. 7. 23.자 2012카합996 결정

3
저작권

1 저작권의 발생 시기

누군가의 작품이 저작권법상 저작물에 해당한다면, 그 저작물에 관한 저작권은 그것을 만든 사람이 가지게 된다. 그리고 이러한 저작권은 그 발생 시기와 관련하여 다른 지적재산권인 특허권, 상표권, 디자인권과는 확연한 차이가 있다. 특허권 등은 그것이 등록될 때 권리가 발생하지만 저작권은 그 등록 여부와는 상관없이 해당 저작물이 창작될 때 발생한다. 물론 저작권법에도 저작권 등록에 관한 규정을 두고는 있다. 그러나 이러한 저작권 등록은 그 등록으로 저작권을 발생시키는 효력이 있는 것이 아니라, 저작권 발생에 관한 확인적인 의미만을 가질 뿐이다. 그렇다고 해서 저작권 등록이 아무 의미가 없는 것은 아니다. 저작권법은 저작권 등록자에게 해당 저작물의 저작자로 추정하는 효력을 부여하고 있고, 저작권 침해에 따른 손해배상청구를 할 때는 법정손해배상을 청구할 수 있는 근거를 마련해 주는 역할을 하기도 한다.

2 저작권의 종류와 침해 주장 시 유의점

저작권은 크게 저작재산권과 저작인격권으로 구성되어 있다. 그리고 저작재산권에는 '복제권, 공연권, 공중송신권, 배포권, 전시권, 대여권, 2차적저작물작성권'이 있고, 저작인격권에는 '공표권, 성명표시권, 동일성유지권'이 있다. 이처럼 저작권은 총 10가지의 권리로 구성된 권리의 다발인 셈이다.

저작권은 학문적인 개념이기 때문에 소송 등에서 저작권 침해를 주장할 때에는 저작재산권 가운데 어떤 권리가 침해되었고, 저작인격권 가운데 어떤 권리가 침해되었는지를 명확하게 특정해야 한다. 즉, "……를 무단으로 사용함으로써, ……의 저작권을 침해하였습니다"라고 주장하는 것은 적절하지 않고, "……를 무단으로 사용함으로써, 저작재산권 가운데 ○○권, ○○권을, 저작인격권 가운데 ○○권, ○○권을 각각 침해하였습니다"라고 주장해야 한다.

특히 저작권 침해에 따른 손해배상청구 소송에서는 각 권리별로 그 침해에 따른 손해배상액을 청구하는 것이 원칙이기 때문에 더더욱 침해된 권리를 특정하는 것이 중요하다. 만약 이러한 손해배상청구 소송에서 단순히 저작권 침해만을 주장하게 되면 대개는 법원으로부터 침해된 권리의 특정을 요구받게 된다.

일반인들의 경우에는 대부분 저작권법에 대해 잘 모르기 때문에 저작재산권 침해에 따른 손해배상만을 청구하는 경우가 많다. 그러나 저작재산권 침해 문제가 발생했다면 대개는 저작인격권도 침해되었을 가능성이 높기 때문에 그에 따른 손해배상 청구도 함께 하는 것을 잊지 않도록 해야 한다.

3 저작재산권의 양도

저작재산권과 저작인격권 가운데 양도가 가능한 것은 재산권에 해당하는 저작재산권에 한한다. 저작인격권은 말 그대로 인격권이기 때문에 제3자에게 양도할 수 없다. 이런 이유에서 저작권법에서도 저작권의 양도가 아닌 저작재산권의 양도라고 규정하고 있다.

그래서 저작물을 창작한 저작자는 생존하고 있는 동안에는 언제나 저작권자가 된다. 저작권은 저작물의 창작과 동시에 발생하므로 저작자는 저작물을 창작할 때 그 저작물에 관한 저작재산권과 저작인격권 모두를 가지게 된다. 저작자가 그 저작권을 제3자에게 양도하더라도 양도가 되는 것은 저작재산권에 국한되기 때문에 저작인격권은 여전히 저작자에게 남아 있게 되고, 저작인격권은 저작권의 한 종류이기 때문에 저작자는 언제나 저작권자가 되는 것이다. 심지어 저작자가 저작인격권을 제3자에게 양도한다는 의사표시를 하더라도 이러한 약정은 무효가 된다.

저작재산권 양도와 관련하여 또 하나 주의할 것이 있다. 저작재산권 전부를 양도할 때 2차적저작물작성권을 양도한다는 것을 당사자가 특별히 약정하지 않으면 2차적저작물작성권은 양도되지 않는 것으로 추정된다(저작권법 제45조 제2항). 따라서 저작재산권을 양도 받는 입장에서는 2차적저작물작성권도 함께 양수한다는 점을 콕 찍어서 서면에 남겨둘 필요가 있다. '양도인은 위 저작물에 대한 저작재산권 전부와 2차적저작물작성권 모두를 양수인에게 양도한다' 라고 명확하게 써두어야만 2차적저작물작성권을 포함한 저작재산권 전부를 양수받게 되는 것이다.

반대로 저작재산권 양도인의 입장에서는 구체적인 언급 없이 저작재산권을 양도했거나 서면 상에 '양도인은 위 저작물에 대한 저작재산권 전부를 양수인에게 양도한다' 라고만 기재했다면 저작재산권 가운데 2차적저작물작성권은 자신에게 여전히 남아 있는 것으로 추정 받게 된다. 그러나 이는 어디까지나 추정에 불과하기 때문에 양수인이 2차적저작물작성권을 포함한 저작재산권 전부를 양수하였다는 점을 정황 증거 등을 통해 입증한다면 그 추정은 깨지게 되고, 그렇게 되면 결국 양수인이 2차적저작물작성권을 포함한 저작재산권 전부를 양수하였음이 인정된다.

소설 A를 저술한 갑은 출판사를 운영하고 있다. 어느 날 을이 찾아와서, 갑이 저작권을 가지고 있는 소설 A의 저작권을 양도할 것을 갑에게 제안했다. 갑은 어차피 잘 팔리지도 않는 소설책이어서 흔쾌히 그 제안을 받아들였다. 을은 그 날 바로 대금을 지급하고 갑으로부터 소설 A의 저작권을 양수했다. 저작권 양도 계약은 구두로 이루어졌고 2차적저작물작성권 양도에 관한 어떠한 언급도 없었다.

이런 경우에는 원칙적으로 갑이 소설 A에 대해 가지는 2차적저작물작성권은 양도되지 않은 것으로 추정되기 때문에 소설 A에 대한 2차적저작물작성권은 여전히 갑이 보유하고 있는 것으로 추정된다. 그러나 B가 저작권 양도 계약을 체결할 때, 영화를 만들기 위해 소설 A의 저작권을 양수받는 것이라고 말하면서 갑에게 영화 제작사 대표 명함을 건넸다면 얘기는 달라진다. 비록 갑과 을이 저작권 양도 계약을 구두로 체결했고, 명시적으로 소설 A에 관한 2차적저작물작성권을 양도 및 양수한다는 언급을 하지는 않았더라도, 갑의 입장에서는 을이 소설 A를 영화화할 것이라는 점을 충분히 알 수 있었다고 볼 수 있기 때문이다.

그렇다면 결국 갑은 묵시적으로 소설 A에 대해 자신이 갖고 있던 2차적저작물작성권까지 을에게 양도한 것으로 봐야 한다. 따라서 갑이 만약에 소설 A에 관해 가지는 2차적저작물작성권은 양도되지 않은 것으로 추정된다고 주장한다면, 을은 위와 같은 사정을 들어 그러한 추정을 깰 수 있을 것이다.

4 저작재산권의 보호 기간

(1) 일반적인 저작물의 경우

저작물은 영구히 보호되는 것이 아니라, 저작재산권의 보호 기간 동안만 보호가 되고, 그 이후에는 누구나 그 저작물을 자유롭게 이용할 수 있도록 공중의 영역(Public Domain)에 놓이게 된다.

현행 저작권법상 일반 저작물의 저작재산권은 저작자가 생존하고 있는 동안에는 계속 존속하고, 저작자가 사망한 이후에도 추가적으로 70년간 더 존속한다. 이와는 달리 업무상저작물과 영상저작물의 저작재산권은 공표한 때부터 70년간 존속한다. 여기서 일반 저작물의 저작재산권의 보호 기간과 관련된 70년의 기산일은 저작자가 사망한 다음 해의 1월 1일이고, 업무상저작물과 영상저작물의 그것은 공표한 다음 해의 1월 1일이다.

따라서 일반 저작물이 그 저작재산권 보호 기간이 지났는지 여부를 확인하기 위해서는 그 저작물과 관련된 몇 가지 정보가 필요하다. 간단하게는 해당 저작물의 저작자가 누구인지, 그 저작자가 언제 사망하였는지, 그리고 저작재산권 보호 기간의 연혁은 어떻게 되는지에 관한 것이다. 이를 통해 현재 시점에서 해당 저작물의 보호 기간이 지났는지 여부를 확인할 수 있다.

여기서 저작자와 그 저작자의 사망일은 사실적인 정보에 해당하지만 저작재산권 보호 기간의 연혁은 법령에 해당하는 것이고 다소 복잡한 면이 있기 때문에 이에 대해 간단히 살펴보기로 하자.

1957년 제정 저작권법에서는 일반 저작물의 저작재산권은 저작자가 생존하고 있는 동안 존속하고, 저작자가 사망한 후에도 30년간 존속하도록 규정하고 있었다.

1987년 저작권법에서는 일반 저작물의 저작재산권을 저작자 생존 기간 동안 그리고 사후 50년간 존속하도록 개정하면서 그 보호 기간을 연장했다. 다만, 부칙에서는 1987년 저작권법이 시행되던 1987. 7. 1. 이전에 1957년 저작권법에 따른 저작재산권 보호 기간이 이미 지난 저작물은 더 이상 보호되지 않는 것으로 정했고, 이와 함께 1987년 저작권법 시행 전에 공표된 '연주·가창·연출·음반 또는 녹음필름'(1957년 당시 저작권으로 보호되었음)과 사진 및 영화는 계속해서 1957년 저작권법의 적용을 받도록 정했다.

2011년 저작권법에서는 일반 저작물의 저작재산권을 저작자 생존 기간 동안 그리고 사후 70년간 존속하도록 개정하면서 그 보호 기간을 연장했고, 이 경우에도 부칙에서는 2011년 저작권법이 시행되던 2013. 7. 1. 이전에 1987년 저작권법에 따른 저작재산권 보호 기간이 이미 지난 저작물은 더 이상 보호되지 않는 것으로 정했다.

예를 들어 A저작물[4]을 저작한 저작자 갑은 1956년에, B 저작물을 저작한 저작자 을은 1957년에, C 저작물을 저작한 병은 1962년에, D 저작물을 저작한 정은 1963년에 각각 사망했다고 하자.

갑은 1956년에 사망했으므로 A 저작물의 저작재산권은 1957년 저작권법에 따라 사후 30년간 존속하게 된다. 때문에 A 저작물은 갑이 사망한 다음 해 1월 1일부터 30년이 되는 1986년 12월 31일에 그 저작재산권 보호 기간이 만료되었고, 그 만료 시점은 1987년 저작권법이 시행된 1987년 7월 1일 이전이다. 이런 경우는 부칙에 의해 1987년 저작권법에 의한 저작재산권 보호 기간 연장 대상에 해당하지 않게 되어 공중의 영역에 놓이게 된다. 따라서 현재 시점에서는 누구나 A 저작물을 자유롭게 이용할 수 있다.

1957년에 사망한 을의 경우에는 1957년 저작권법에 따라 B 저작물의 저작재산권은 사후 30년간 존속한다. 그러나 사후 30년이 되는 1987년 12월 31일 이전에 1987년 저작권법이 시행되었으므로, 부칙에 따라 B 저작물은 1987년 저작권법에 따라 그 보호 기간이 사후 50년으로 연장되어, 결국 B 저작

---

4) 1987년 저작권법의 부칙 제2조에서 1987년 저작권법 시행 전에 공표된 연주·가창·연출·음반 또는 녹음필름과 사진 및 영화에 대해서는 1957년 저작권법을 계속 적용하도록 한 점을 감안하여, 여기서 예를 드는 저작물은 연주·가창·연출·음반 또는 녹음필름과 사진 및 영화가 아닌 그 외의 저작물로 상정한다.

물의 저작재산권의 보호 기간은 2007년 12월 31일까지가 된다. 그러나 현재 시점에서 볼 때 그 보호 기간은 이미 만료가 된 상태이므로, B 저작물 또한 누구나 이를 자유롭게 이용할 수 있다.

1962년에 사망한 병의 경우, C저작물의 저작재산권은 1957년 저작권법에 따라 사후 30년간 존속하지만, 사후 30년이 되는 1987년 12월 31일 이전에 1987년 저작권법이 시행되었으므로 1987년 저작권법에 따라 그 보호 기간이 사후 50년으로 연장되어 C 저작물의 저작재산권 보호 기간은 2012년 12월 31일까지가 된다. 2011년 저작권법 개정으로 일반 저작재산권 보호 기간이 70년으로 연장되었지만, C 저작물의 저작재산권은 그 시행일인 2013년 7월 1일 이전에 그 보호 기간이 만료되었다. 이런 경우는 부칙에 따라 2011년 저작권법에 의한 저작재산권 보호 기간 연장 대상에 해당하지 않게 되어 C 저작물은 저작재산권 보호 기간이 경과되어 공중의 영역에 놓이게 된다. 따라서 현재 시점에서는 누구나 C 저작물을 자유롭게 이용할 수 있다.

1963년에 사망한 정의 경우에는 1957년 저작권법에 따라 D 저작물의 저작재산권은 사후 30년간 존속하지만, 사후 30년이 되는 1987년 12월 31일 이전에 1987년 저작권법이 시행되었으므로, 1987년 저작권법에 따라 그 보호 기간이 사후 50년으로 연장되어 2013년 12월 31일까지가 된다. 그리고 다시 2011년 저작권법 개정으로 일반 저작재산권 보호 기간이 70

년으로 연장되었고, 그 시행일이 2013년 7월 1일이기 때문에 부칙에 따라 D 저작물의 저작재산권 보호 기간은 2033년 12월 31일까지가 된다. 따라서 D 저작물은 현재까지도 그 보호 기간 중에 있으므로, 저작권자의 허락 없이는 무단으로 D 저작물을 이용할 수 없다.

(2) 업무상저작물 및 영상저작물의 경우

업무상저작물과 영상저작물의 저작재산권 보호 기간은 일반 저작물과는 달리 저작자를 기준으로 하는 것이 아니라, 해당 저작물의 공표 시기를 기준으로 한다. 즉, 현행 저작권상 업무상저작물 또는 영상저작물의 저작재산권은 그것이 공표된 다음 해의 1월 1일부터 70년간 존속한다.

이 점을 제외하면 업무상저작물과 영상저작물의 저작재산권 보호 기간 산정 방식은 앞서 본 일반 저작물의 그것과 다를 것이 없다.

업무상저작물과 영상저작물의 경우에는 법인 또는 단체가 저작권을 가지고 있는 경우가 많은데, 해당 법인 또는 단체가 해산되어 그 권리가 〈민법〉과 그 밖의 법률 규정에 따라 국가에 귀속되는 경우에는 저작재산권이 소멸하게 된다(저작권법 제49조). 따라서 업무상저작물과 영상저작물의 경우에는 그 저작재산권 보호 기간이 경과되지 않더라도 이를 자유롭게 이용할 수 있는 경우가 있다는 점도 기억해 둘 필요가 있다.

(3) 외국인 저작물의 경우

외국인 저작물의 저작재산권 보호 기간은 그 연혁이 국내 저작물보다 더 복잡하다. 이 책에서는 간단하게만 소개하도록 하겠다.

1957년 제정 저작권법은 외국인의 저작물에 대하여 조약에 규정이 없는 경우에는 국내에서 처음으로 그 저작물을 발행한 외국인에 한하여 보호하도록 규정하고 있었다. 그러나 당시에 우리나라는 외국인의 저작물 보호에 관한 어떠한 조약에도 가입한 적이 없었기 때문에 외국인의 저작물은 국내에서 최초로 발행된 것에 한하여 보호되었다.

그 후 우리나라가 가입 또는 체결한 조약에 따라 외국인 저작물을 보호하도록 한 1987년 저작권법 시행과 함께 우리나라는 세계저작권협약 등에 가입하였고, 이에 따라 외국인 저작물이 보호를 받을 수 있게 되었다. 그러나 그 개정법이 시행되던 1987년 7월 1일 이후 창작된 외국인 저작물만 보호 대상이 되었다. 즉, 1987년 7월 1일 이전에 창작된 외국인 저작물은 여전히 보호 대상이 아니었다.

그러다가 1996년 저작권법은 Trips 협정 체결에 따라 베른 협약을 받아들이면서 1987년 7월 1일 이전에 창작된 외국인 저작물도 소급해서 보호 받게 되었다.

이에 따라 현행 저작권법은 우리나라가 가입 또는 체결한 조약과 상호주의에 따라 외국인 저작물을 보호하고 있다. 우리나라에서 외국인 저작물은 외국인 저작물과 관련된 국가의 저작권법상의 저작재산권 보호 기간과는 무관하게 우리 저작권법의 저작재산권 보호 기간 동안만 보호된다.

따라서 앞서 본 국내 저작물의 저작재산권 보호 기간 산정 방식과 동일한 방식으로 외국인 저작물의 저작재산권 보호 기간을 산정하면 된다.

┃4┃
저작(권)자

1 창작자 원칙

저작물을 창작한 사람을 '저작자'라고 하고(저작권법 제2조 제2호), 저작권은 저작물을 창작한 때부터 발생한다(저작권법 제10조 제2항). 따라서 저작자는 저작물을 창작한 바로 그 순간에 저작권을 가지게 되고, 그 저작물의 저작권자가 된다. 이를 '창작자 원칙'이라고 한다. 창작자 원칙은 저작권법을 관통하는 가장 중요한 원칙이다. 그리고 저작권 가운데 저작재산권은 양도가 가능하기 때문에 저작재산권을 양도받은 사람 역시 저작권자가 될 수 있다.

2 저작자와 저작권자의 개념과 그 구별

이와 같이 저작자와 저작권자의 개념에는 약간 차이가 있다. 저작자는 저작물을 창작한 사람만을 가리키기 때문에 저작권을 양도받은 사람은 저작권자인 것이지 저작자는 아니다. 그러나 저작자는 언제나 저작자인 동시에 저작권자가 된다. 왜냐하면 저작자는 저작물을 창작하는 순간 저작권을

가지게 되고, 저작권을 제3자에게 양도하더라도 저작인격권
은 여전히 저작자에게 남아 있기 때문에 그런 의미에서 저작
자는 항상 저작권자가 되는 것이다.

3 작품 소장자와의 구별

작품 소장자는 저작(권)자와는 전혀 다른 개념이다. 작품 소
장자는 원칙적으로 해당 작품의 소유권만을 가지기 때문에
저작권과 관련된 어떠한 권리도 없다. 따라서 해당 작품을
임의로 복제하는 등의 행위를 하면 해당 작품 저작권자의
저작권을 침해하는 것이 된다. 다만, 미술저작물 등의 경우
에는 작품 소장자가 그 저작권자의 동의 없이도 전시할 수
있다. 그렇지만 가로·공원·건축물의 외벽 그 밖에 공중에게
개방된 장소에 늘 전시하는 경우에는 해당 미술저작물 저작
권자의 동의를 받아야만 한다(저작권법 제35조 제1항).

4 업무상저작물의 저작자

저작물을 창작한 저작자가 저작권을 가진다는 창작자 원칙
은 저작권법을 관통하는 대원칙이다. 그런데 창작자 원칙의
유일한 예외가 바로 업무상저작물의 저작자이다. 업무상저
작물의 저작자에 관한 법리는, 일정한 요건을 갖춘 경우에
는 법인 등을 저작자(창작자)로 본다는 것이다. 단순한 저작
권자가 아닌 저작자로 인정하는 것이다. 따라서 법인 등이
저작재산권뿐만 아니라 저작인격권도 가지게 된다.

업무상저작물의 저작자가 되기 위해서는 ① 관련된 저작물이 업무상저작물이어야 한다는 것, ② 그것이 업무상저작물임을 전제로 하여 법인 등의 명의로 공표될 것, ③ 법인 등과 실제 창작한 자 사이에 저작자에 관한 별도의 다른 정함이 없어야 한다는 것을 충족해야 한다.

먼저 업무상저작물에 관해서 살펴보면, 업무상저작물이란 '법인·단체, 그 밖의 사용자의 기획 하에 법인 등의 업무에 종사하는 자가 업무상 작성하는 저작물을 말한다'(저작권법 제2조 제31호). 업무상저작물은 통상적으로는 고용 관계에 있는 상태에서 그 피고용자가 업무를 보는 과정에서 창작하는 저작물을 의미하는 것이지만, 반드시 그런 것도 아니다. 비록 고용 관계는 아니더라도 법인 등이 실질적으로 지휘·감독하는 관계에서 그 지휘·감독을 받는 자가 만드는 저작물이라면 이 또한 업무상저작물이 될 수 있다.

그러나 이런 경우에는 업무상저작물보다는 공동저작물로 인정될 가능성이 더 높다. 왜냐하면 법인 등이 저작물의 창작을 외주업체에 외주를 주고 그 법인 등이 실제 그 저작물의 창작에 일부 기여를 하는 경우가 있을 수 있는데, 이러한 경우라도 기본적으로는 창작자 원칙에 따라 해당 저작물의 창작에 기여한 자는 저작자가 되는 것이므로 그 저작물은 외주를 준 법인 등과 외주업체의 공동저작물이 되어 법인 등은 공동저작자 가운데 하나가 될 여지가 훨씬 더 높기 때문이다.

한편, 어떤 저작물이 업무상저작물이라고 하더라도 법인 등이 항상 업무상저작물의 저작자가 되는 것은 아니다. 법인 등이 업무상저작물의 저작자가 되기 위해서는 앞서 본 바와 같이 그 업무상저작물이 법인 등의 명의로 공표되는 것이어야 하고, 법인 등과 실제 창작한 자 사이에 그 저작물의 저작자를 실제 창작한 자로 한다는 등의 별도의 다른 정함이 없어야만 하기 때문이다.

개정 전의 저작권법에는 법인 등의 명의로 '공표된'이라고 규정되어 있었다. 그래서 법인 등의 명의로 '공표된' 업무상저작물에 대해서는 법인 등이 업무상저작물의 저작자가 되는 것이 분명했지만, 업무상저작물이라 해도 법인 등의 명의로 공표되지 않고 남아 있는 업무상저작물은 창작자 원칙에 따라 실제 창작자가 저작자가 되는 것인지 아니면 이런 경우에도 여전히 법인 등이 업무상저작물 저작자가 되는 것인지 여부에 관해 다툼이 있었다.

그러나 그 후 저작권법은 위 '공표된'을 '공표되는'으로 개정하면서 법인 등의 명의로 공표될 예정에 있는 모든 업무상저작물에 대해서까지 그 저작자를 법인 등이 될 수 있도록 하였다. 따라서 비록 법인 등의 명의로 공표되지 않고 남아 있는 업무상저작물이라고 하더라도 그것이 애초에 법인 등의 명의로 공표될 예정에 있었던 것이라면 이제는 그 모두가 그 법인 등이 그것의 저작자가 되는 것이다.

현실적으로는 업무상저작물의 저작자에 관해서 법인 등이 별도의 정함을 하는 경우는 거의 없기 때문에 법인 등이 업무상저작물의 저작자가 되기 위한 요건으로서 '별도의 정함이 없을 것'이라는 요건이 문제되는 경우도 거의 없다. 그러나 필자가 맡았던 저작권 소송 가운데 이러한 것이 문제된 경우가 있었다.

캐릭터에 관한 저작권 침해 사건이었는데, 그 캐릭터는 업무상저작물이었고 해당 법인의 명의로 공표되었기 때문에 누가 봐도 그 캐릭터의 저작자는 그 법인이라는 것이 분명했다. 그런데 그 캐릭터를 실제로 창작한 해당 법인의 직원이 캐릭터의 저작권은 자신에게 있고 소송의 상대방이 자신이 저작권을 가지고 있는 캐릭터의 저작권을 침해했다는 이유로 침해금지가처분 신청을 한 것이다. 그 사건에서 법원은 그 캐릭터는 업무상저작물이고 해당 법인의 명의로 공표되었기 때문에 해당 법인이 그 캐릭터의 저작자이자 저작권자가 된다는 이유로, 신청인의 가처분 신청을 기각하였다.

필자의 입장에서는 사실 당연한 결과였다. 그런데 해당 사건에 관한 본안소송(원고의 청구 또는 상소인의 불복주장에 대한 판단을 하는 판결)을 하는 동안 해당 법인의 사실확인서가 증거로 제출되었다. 해당 법인과 실제 창작한 직원 사이에 그 캐릭터를 창작한 직원을 저작자로 하는 별도의 정함이 있었다는 취지의 내용이었다. 요즘 흔히 하는 말로 멘붕이었다. 정말 흔치 않은 실제 사례를 경험하는 순간이었던 것이다.

⌂5⌂
저작권 침해

1 저작권 침해의 요건

일반적으로 저작권 침해가 인정되기 위해서는

① 저작권 침해를 주장하는 사람의 저작물이 저작권법에
  의해 보호받을만한 창작성이 있어야 하고,

② 상대방이 그 저작물에 의거하여 이용하여야 하며,

③ 저작권 침해를 주장하는 사람의 저작물과 그 상대방의
  저작물 사이에 실질적 유사성이 있어야 한다.

위 세 가지 요건 가운데 ①은 이미 저작물에 관한 부분에서
충분히 설명했기 때문에 여기서는 ②와 ③에 관해서만 살펴
보도록 하겠다. 흔히 ②를 의거성이라고 하고, ③을 실질적
유사성이라고 한다. 그런데 사실은 ①의 저작물성에 관한
것은 독자적으로 판단되기 보다는 ③의 실질적 유사성을 판
단할 때 동원되는 법리라고 보는 것이 맞을 것이다.

왜냐하면 저작권 침해를 주장하는 사람(이하 '저작권 침해 주장자'
라고 함)의 저작물 전체가 저작물성이 없는 경우는 흔하지 않
고, 그의 저작물의 일부와 상대방(이하 '상대방' 또는 '저작권 침해
방어자'라고 함) 저작물의 일부가 실질적으로 비슷하다고 주장
하는 경우가 대부분이기 때문이다. 그러다보니 결국 실질적
유사성을 판단할 때는 저작권 침해 주장자의 저작물 가운데
침해 주장 부분(이하 '침해 주장 부분'이라고 함)이 저작물성이 있는
지 여부를 가려서 저작물성이 있는 경우에만 비교 대상으로
삼고, 저작물성이 없는 경우에는 애초에 비교 대상에서 제
외시키게 된다.

이와 같이 저작물성에 관한 판단은 실질적 유사성을 판단할
때 함께 이루어지는 경우가 대부분이기 때문에 저작권 침해
여부의 판단은 결국 의거성과 실질적 유사성 여부를 판단하
는 것이라고 해도 틀린 말은 아니다.

저작권이 침해되었다고 하기 위해서는 의거성과 실질적 유사
성이라는 두 가지 요건을 동시에 만족해야 한다. 따라서 의
거성이 없다면 양 저작물이 아무리 실질적으로 비슷하다 해
도 저작권 침해가 아닌 것이고, 의거성이 인정된다 해도 양
저작물이 실질적으로 비슷하지 않다면 이 또한 저작권 침해
에는 해당하지 않게 된다.

2 의거성(남의 것을 보고 하는 것)

의거성이란 쉽게 말하면 남의 저작물을 '보고 하는 것'을 의미한다. 저작권 침해 사건에서 이러한 의거성은 저작권 침해 주장자가 주장·입증해야 하는 부분이다. 그런데 아무리 저작권 침해 주장자라 해도 자신의 저작물을 상대방이 언제 어디서 어떻게 보고 했는지는 정확히 알 도리가 없다. 그래서 법원에서는 여러 가지 법리를 통해 의거성을 추정하고 있다.

저작권 침해 주장자의 저작물이 상대방의 저작물보다 먼저 공표된 경우에는 상대방이 저작권 침해 주장자의 저작물에 접근해서 그 저작물을 보았을 가능성 즉, 접근 가능성이 있다. 그래서 이러한 경우 법원은 의거성이 있다고 추정하고 있다.

그런데 상대방이 저작물을 창작할 당시 저작권 침해 주장자의 저작물이 공표된 적이 없다면 위와 같은 접근 가능성에 관한 법리로는 의거성을 추정할 수가 없게 된다. 그래서 이런 경우에는 다른 법리로 의거성을 추정하게 된다. 양 저작물을 비교해서 상대방의 저작물이 저작권 침해 주장자의 저작물과 뚜렷하게 비슷하다면 이는 상대방이 저작권 침해 주장자의 저작물을 보았을 가능성이 상당히 높다고 보아, 이러한 경우에도 법원은 의거성이 있다고 추정하는 것이다.

이러한 접근 가능성과 현저한 유사성 법리에 따라 의거성 여부를 추정한 결과, 의거성이 없다는 판단이 내려져서 저작권 침해가 인정되지 않은 사건이 있었다. 바로 드라마 〈선덕여왕〉 사건이다.

뮤지컬 〈무궁화의 여왕 선덕〉 측에서는 mbc 드라마 〈선덕여왕〉이 〈무궁화의 여왕 선덕〉을 표절했다는 이유로 저작권 침해를 주장했다.

대법원은 위 뮤지컬은 공연이 된 적이 없었기 때문에 mbc 측에서 그 뮤지컬에 접근할 가능성이 없었다는 점과, 양 저작물을 비교해 보더라도 현저하게 비슷한 것은 아니라는 점을 들어, 드라마 〈선덕여왕〉이 뮤지컬 〈무궁화의 여왕 선덕〉에 의거해서 만들어진 것이라고 볼 수는 없다고 의거성을 부정하였다. 결국 이 사건은 의거성이 없었기 때문에 실질적 유사성 여부를 따져볼 필요도 없이 저작권 침해가 아니게 된 것이다.

접근 가능성과 현저한 유사성 말고도 의거성이 추정되는 경우는 양 저작물에 '공통의 오류'가 있는 경우이다. 즉, 저작권 침해 주장자의 저작물에 있는 오류와 동일한 오류가 상대방의 저작물에 있는 경우에도 의거성이 있다고 추정된다.

3 실질적 유사성

의거성이 인정된다고 해서 곧바로 저작권 침해가 되는 것은 아니다. 의거성은 다른 사람의 저작물을 보고 저작물을 만들었다는 것에 불과한 것이지, 반드시 그 저작물과 실질적으로 비슷하다는 것을 의미하는 것은 아니기 때문이다. 남의 것을 참고해서 전혀 다른 저작물을 만들 수도 있는 것이다. 따라서 저작권 침해가 되기 위해서는 남의 저작물을 보고 했다는 것만으로는 부족하고 남의 저작물과 실질적으로 비슷하게 만들어야만 하는 것이다.

앞에서 실질적 유사성 여부를 판단할 때, 저작물성 여부도 함께 판단하는 것이 대부분이라고 언급했었다. 이는 실질적 유사성 판단 방법과도 그 맥을 같이 한다. 저작권 침해 방어자의 입장에서는 양 저작물이 실질적으로 비슷하지 않다고 반박해야 한다. 그러나 누가 봐도 양 저작물이 뚜렷하게 비슷한 경우에는 먼저 저작권 침해 주장자의 침해 관련 부분이 애초에 저작물성이 없다고 반박하는 것이 가장 유효한 방어 전략이 될 것이다. 따라서 저작권 침해 방어자는 저작권 침해 주장자의 침해 관련 부분이 앞서 살펴본 저작물의 개념에 해당하는 표현이 아니라거나 창작성이 없다는 점을 주장하고 입증해야 할 것이다.

이러한 저작권 침해 방어자의 반박에 타당성이 있다면, 결국 저작권 침해 주장자의 침해 관련 부분에서 저작물성이 없는 부분은 실질적 유사성 판단의 대상에서 제외된다. 이와 같이 실질적 유사성을 판단할 때는 저작권 침해 주장자의 침해 관련 부분 모두가 비교 대상이 되는 것이 아니라, 그 가운데 저작물성이 인정되지 않는 부분을 제외한 나머지 부분만을 가지고 저작권 침해 방어자의 해당 부분과 비교하게 되는 것이다.

A 저작물을 창작한 저작자 갑은 을이 A 저작물 내용 가운데 a1, a2, a3, a4, a5를 표절하여 B 저작물 가운데 b1, b2, b3, b4, b5을 만들었다는 이유로 저작권 침해를 주장했다. 이러한 갑의 주장에 대해 을은 a1은 아이디어에 해당하는 것이고, a2는 종래에 이미 존재하던 표현이며, a3는 통상적인 표현에 해당하므로 저작물이 아니라고 반박하였다.

만약 이러한 을의 반박이 타당하다면, 결국 이 사안에서는 a4, a5와 b4, b5에 대해서만 실질적 유사성을 판단하게 되는 것이다. 그렇게 되면 을은 b4, b5와 a4, a5를 비교해서 그것들이 실질적으로 비슷하지 않다는 점에 대해서만 반박하면 되는 것이다.

4 이용 허락과 저작권 침해

저작권자로부터 저작물 이용에 관한 허락을 받아서 저작물을 이용한다면 원칙적으로는 문제될 것이 없겠지만, 그럴 때에도 저작권 침해가 논란이 되는 경우가 있다. 이용 허락의 범위를 넘어서서 이용하는 경우가 그러하다. 단순한 계약 위반인지 아니면 저작권 침해인지가 문제된다.

예를 들어 그림 저작권자 갑이 자신의 그림을 출판물 제작자 을에게 총 5회 사용하도록 허락했는데, 을은 갑의 그림을 총 6회 사용하여 출판하였다면, 이것은 단순한 계약 위반일까 아니면 갑의 복제권 및 배포권을 침해한 것일까?

을이 사용횟수를 초과하여 사용하긴 했지만, 갑으로부터 그림의 복제·배포에 대해 허락을 받았고 또한 그 이용 허락 기간 중에 있으므로, 이러한 사용횟수 위반행위에 대하여 을은 단순한 계약 위반이라고 주장할 수 있다. 반면, 갑은 이러한 을의 행위는 계약 위반은 물론이고 그 이용 범위를 초과한 복제 및 배포에 대해서는 을에게 허락한 바가 없으므로 저작권 침해에 해당한다고 주장할 수 있다.

이와 관련된 판례나 문언 등이 없어 위와 같은 경우에 과연 저작권 침해에 해당하는지 여부는 명확하지 않다. 다만, 이용 허락의 범위를 초과한 이용이 저작권 침해인지 여부는 구체적 상황에 따라 판단하되, 이용 허락기간 후의 이용 또는 최소한 저작재산권의 유형별 관점에서 이용 허락 되지 않은 유형의 저작물 이용이 있는 경우(예컨대, 저작물을 오프라인 상에서 복제·배포하는 것만을 허락했는데, 이를 인터넷 등 온라인 사용에서 해당 저작물을 전송하는 경우)는 저작권 침해라고 봄이 상당할 것이다.

한편, 이용 허락의 범위를 넘어 선 이용이 저작권법 위반에 해당한다는 사건이 있었다. 이 사건은 이미지 판매회사로부터 해당 이미지를 구입한 회사가 이미지 판매회사의 약관 등에 의해 해당 이미지를 1회에 한해서만 이용할 수 있음에도, 이를 초과하여 이용한 사안이었는데, 이 사건에서 법원은 이를 저작권법 위반이라고 판시한 적이 있다(울산지방법원 2012. 12. 28. 2010노170 판결).

이처럼 이용 허락을 넘어선 이용이 단순한 계약 위반인지 아니면 저작권 침해에도 해당하는지 여부에 관해서는 명확한 기준이 없을 뿐만 아니라, 법원은 위 판례에서처럼 계약 위반으로 볼 여지도 있는 사안에서 저작권 침해를 인정했기 때문에, 저작물 이용자의 입장에서는 단순히 이용 허락을 받았다는 이유로 해당 저작물을 임의로 이용해서는 안 되고, 이용 허락을 넘어 선 이용의 경우에는 반드시 사전에 저작권자나 이용 허락권자의 동의를 받는 것이 무엇보다도 중요할 것으로 생각된다.

16
공정이용

앞에서 본 것처럼 의거성과 실질적 유사성이 둘 다 존재하게 되면 원칙적으로는 저작권 침해가 된다. 그래서 이런 경우에 저작권 침해 방어자는 손해배상액이 과다하다는 것 말고는 별다르게 다툴 것이 없다. 그러나 이러한 상황이라도 저작권 침해가 아니라고 주장할 여지는 아직 남아 있다. 바로 '공정이용' 또는 '저작재산권 제한'(이하 '공정이용'이라고 함)에 관한 주장이다. 저작권법은 비록 겉으로는 타인의 저작권을 침해한 것으로 보이지만, 일정한 경우 저작권자의 저작재산권을 제한함으로써 해당 저작물을 이용할 수 있도록 하는 공정이용에 관한 규정을 두고 있다. 저작권법으로 보호되는 저작물을 제한적으로 이용할 수 있도록 허용하는 개념이다.

공정이용에 관한 규정은 '공표된 저작물의 인용' 등 개별적·구체적 규정 16가지와 '저작물의 공정한 이용'이라는 일반적·보충적 규정으로 구성되어 있다(저작권법 제23조~제35조의 3). 저작권법상 공정이용에 관한 규정은 다음과 같다.

- 재판 절차 등에서의 복제(제23조)
- 정치적 연설 등의 이용(제24조)
- 공공저작물의 자유 이용(제24조의2)
- 학교 교육 목적 등에의 이용(제25조)
- 시사 보도를 위한 이용(제26조)
- 시사적인 기사 및 논설의 복제 등(제27조)
- 공표된 저작물의 인용(제28조)
- 영리를 목적으로 하지 아니하는 공연·방송(제29조)
- 사적 이용을 위한 복제(제30조)
- 도서관 등에서의 복제 등(제31조)
- 시험 문제로서의 복제(제32조)
- 시각장애인 등을 위한 복제 등(제33조)
- 청각장애인 등을 위한 복제 등(제33조의2)
- 방송사업자의 일시적 녹음·녹화(제34조)
- 미술저작물 등의 전시 또는 복제(제35조)
- 저작물 이용 과정에서의 일시적 복제(제35조의2)
- 저작물의 공정한 이용(제35조의3)

그러나 현실적으로 저작권 소송 실무에서 법원이 공정이용을 인정하여 저작권 침해가 아니라고 판단한 경우는 극히 드물다. 물론 어떤 공정이용 규정을 주장하느냐에 따라 달라지긴 하겠지만 대체로 법원이 공정이용을 인정한 경우는 그 예를 찾기가 어렵다. 따라서 누가 봐도 공정이용에 해당하지 않는다고 판단되거나 처음부터 공정이용이라는 의도 하에서 이루어진 경우가 아니라면 굳이 이를 주장할 필요는 없을 것이다. 그러기보다는 오히려 손해배상액의 과다를 다투는 일에 힘을 쏟는 것이 보다 효율적인 방어 전략이 될 것이다.

다만, 저작권법에 공정이용에 관한 규정이 존재한다는 것을 알고 있는 것과 그렇지 못한 것 사이에는 저작권을 대하는 자세에서 벌써 차이가 나는 것이다. 그러므로 어떤 유형의 공정이용 규정이 존재하는지, 자신의 저작물 창작 행위와 관련지을 수 있는 공정이용 규정은 어떤 것이 있는지를 확인하는 것은 분명히 의미 있는 일이라 할 것이다.

. . . .

지금까지 저작권에 관한 전체적인 개요를 살펴보았다. 물론 개략적으로만 살펴본 것이어서 저작권에 관한 모든 것이 담겨 있다고 할 수는 없다. 그러나 일반적인 저작권 침해 사건에서 발생할 수 있는 이슈들은 모두 이러한 틀 안에서 움직이고 있다고 해도 과언은 아니다.

따라서 이하에서는 이러한 저작권에 관한 전체적인 개요를 기초로 미술과 관련된 저작권에 관한 심도 있는 논의를 본격적으로 전개해 나가도록 하겠다.

미술의 저작물성
판단 기준

1 들어가며

저작권 침해 사건에서 저작권 침해를 당했다고 주장되는 작품 등이 저작권법에 의해 보호 받을 수 있는 저작물에 해당하는지 여부는 저작권 침해 여부를 판단함에 있어서 가장 중요하고 핵심적인 부분이라고 할 수 있다. 따라서 저작권에 대해 알려면 먼저 저작물성이 무엇이고, 저작물성이 실제 저작권 침해 사건에서 어떤 역할을 하는지 알아야 한다.

특히 응용미술과 관련해서는 그것의 응용미술저작물성 여부에 따라 저작권 침해 여부가 판가름 나기 때문에 더욱 중요하다. 따라서 미술저작물의 저작권 침해 사건에서 침해를 주장하는 측과 방어하는 측 모두에게 저작물성은 너무나도 중요한 공방 논리가 되는 것이다.

대법원은 이러한 저작물성을 판단하는 가장 기본적인 논리와 관련하여 "저작권의 보호 대상은 사람의 정신적 노력에 의하여 얻어진 사상 또는 감정을 말이나 문자 등에 의하여 구체적으로 외부에 표현한 창작적인 표현 형식뿐이고, 표현되어 있는 내용 즉 아이디어나 이론 등의 사상 및 감정 그

자체는 설사 그것이 독창성이나 신규성이 있다 하더라도 원
칙적으로 저작권의 보호 대상이 되지 않는다."5)라고 판시하
고 있고, 아무리 표현되어 있더라도, 그것이 해당 저작물과
관련하여 전형적으로 수반되는 내용이거나 종래에 이미 존
재했던 표현인 경우에도 저작권법상 보호 대상이 되지 않는
다고 보고 있다.6)

그렇다면 이러한 논리로 미술저작물의 저작물성을 모두 판
단할 수 있는 것일까? 예를 들어 장소 특정적 미술(Site-
specific art)과 같이 작품이 위치한 특정 장소가 그 주요 구성
부분이 되는 미술 작품의 경우, 그것이 설치되어 있는 장소
와 결합하여 하나의 미술저작물이 될 수 있을지가 문제될
수 있는데, 이와 관련하여 우리 법원에서는 해당 작품의 저
작물성과는 별개로 장소 특정적 미술의 저작물성에 대해서
는 이를 인정하지 않는 것으로 보인다.

이러한 저작물성 판단에 관한 기본 논리를 바탕으로, 이제
본격적으로 미술저작물의 저작물성에 관한 구체적인 판단
기준과 관련 판례들을 살펴보도록 하겠다.

5) 대법원 1999. 11. 26. 선고 98다46259 판결
6) 대법원 2000. 10. 24. 선고 99다10813 판결, 대법원 1991. 8. 13.
    선고 91다1642 판결 등

2

저작물성이
인정되는 경우

앞서 살펴본 바와 같이 저작물은 '인간의 사상이나 감정을 표현한 창작물'이다. 여기서 말하는 창작물은 '창작성이 있는 저작물'을 의미하고, 창작성은 완전한 의미의 독창성을 말하는 것이 아니라, 단지 어떠한 작품이 남의 것을 모방한 것이 아니고 작자 자신의 독자적인 사상 또는 감정의 표현을 담고 있음을 의미할 뿐이다. 따라서 이러한 요건을 충족하기 위해서는 저작물에 그 저작자 나름의 정신적 노력의 소산으로서의 특성이 부여되어 있고 다른 저작자의 기존의 작품과 구별할 수 있을 정도면 충분하다.[7]

이러한 저작물에는 2차적저작물도 당연히 포함된다. 그것이 원저작물을 기초했다는 것뿐, 2차적저작물 역시 하나의 새로운 저작물에 해당하기 때문이다. 이와 관련하여 저작권법에서는 '원저작물을 번역·편곡·변형·각색·영상제작 그 밖의 방법으로 작성한 창작물(2차적저작물)은 독자적인 저작물로서 보호된다'고 규정하고 있다(저작권법 제5조 제1항).

---

7) 대법원 2005. 1. 27. 선고 2002도965 판결

따라서 2차적저작물로 보호받기 위해서는 원저작물과 실질적 유사성을 유지하고 이것에 사회 통념상 새로운 저작물이 될 수 있을 정도의 수정·증감을 가하여 새로운 창작성이 부가되어야 하는 것이며, 원저작물에 다소의 수정·증감을 가한 것에 불과하여 독창적인 저작물이라고 볼 수 없는 경우에는 저작권법에 의한 보호를 받을 수 없다.[8]

결국 미술이 저작권법상 보호를 받기 위해서는 그것이 원저작물이든 2차적저작물이든 그 자체에 저작자의 개성과 창작성이 표현되어 있어야 하는 것이다. 다만, 응용미술의 경우에는 이러한 창작적 표현 이외에 물품과 구별되는 '독자성'이라는 별개의 요건을 필요로 하는데, 이에 관해서는 뒤에서 별도로 살펴보도록 하겠다.

(1) 〈순수 창작품〉 사건

미술 작품이 저작권법상 저작물에 해당하는지 여부와 순수 창작품에 해당하는지 여부는 다른 의미로 해석될 수 있다. 저작물에는 원저작물뿐만 아니라 원저작물에 새로운 창작성을 가미한 2차적저작물도 포함되기 때문에, 순수 창작품이 이러한 2차적저작물을 포함하는 개념이 아니라면 저작물과 순수 창작품은 그 의미가 다를 수도 있다.

---

8) 대법원 2010. 2. 11. 선고 2007다63409 판결

A시(市)는 특정 지역을 음식문화 시범거리로 특화·개발하기 위하여 그 특성과 테마를 살린 BI(Brand Identity) 제작 및 그와 관련된 조성물을 설치하는 내용의 음식문화 시범거리 조성물 설치사업(이하 '이 사건 사업'이라 함)을 실시하기로 하고, 이 사건 사업을 수행할 업체를 선정하기 위한 입찰공고(이하 '이 사건 입찰공고'라 함)를 하였다. 이 사건 입찰공고에 첨부된 제안 지침서 '제6. 가. 9)항'에는 '제안업체는 저작권법에 저촉되지 않는 순수작품으로 제안하여야 하며, 당선된 후에라도 위·모작으로 밝혀질 경우 당선 취소는 물론 민·형사상의 모든 법적 책임을 져야 한다'라고 되어 있다.

B회사는 C회사(이하 이를 통칭할 때에는 'B회사 등'이라 함)와 공동수급인으로서 BI(이하 '이 사건 BI'라 함)와 조성물(이하 '이 사건 조성물'이라 함) 디자인 시안을 기재한 제안서를 제출하였고, A시는 B회사 등과 도급계약(이하 '이 사건 도급계약'이라 함)을 체결하였다. A시는 B회사에서 제출한 여러 BI 시안 가운데 이 사건 BI를 선정하였고, B회사 등은 이 사건 조형물을 제작·설치 완료하였다. 그 후 이 사건 BI가 일반 음식점의 벽지무늬와 비슷하다는 기사가 실렸고, A시는 이 사건 BI 가운데 단풍나무 디자인이 외국의 인터넷 사이트에 게시된 저작물(이하 '이 사건 외국 저작물'이라 함)의 디자인과 같다는 사실을 알게 되었다(이 사건 외국 저작물은 상업적 용도로도 사용이 허용된 저작물이다).

이에 A시는 B회사에게 이 사건 BI를 다시 제작할 것과 이 사건

BI를 기초로 하여 제작·설치된 이 사건 조성물을 다시 제작할 것을 요구하였다. 그러나 B회사는 이 사건 조성물은 이 사건 BI 와 연계하여 제작·설치된 것이 아니라는 이유로 이 사건 BI 시 안만을 A시에 제출하였다. 그 후 이에 관한 다툼이 계속되었고, 결국 A시는 이 사건 BI와 조성물이 순수 창작품이 아닌 위·모작 이라는 이유 등으로 이 사건 도급계약을 취소 또는 해지하고 그 에 따른 원상회복 및 손해배상 등 청구 소송을 B회사를 상대로 제기하였다.

이 사건과 관련된 여러 쟁점들 가운데 여기서는 저작권과 관련된 부분, 즉 이 사건 BI와 조성물이 저작권법상의 저작 물에 해당하는지와 순수 창작품에 해당하는지에 관해서만 살펴보도록 하겠다.

■ 이 사건 BI가 저작물에 해당하는지 여부(O)

B회사는 애초에 '단풍나무, 통기타, 추억'을 모티브로 하여 BI를 제작하겠다는 의도를 밝혔고, A시 역시 그러한 의도를 고려하여 이 사건 BI를 채택하였으므로, 이 사건 BI의 독창 성과 상징성은 그러한 의도가 창의적으로 실현되었는지, 이 사건 외국 저작물만으로도 B회사가 제안한 모티브를 실현하 는 것이 가능한지 등이 함께 검토되어야 한다.

---

9) 서울고등법원 2013. 8. 21. 선고 2012나105781 판결

이 사건 BI는 ① 단풍나무 문양 ② 영문 글자 ③ 한글의 세 가지 부분으로 구성되어 있다. ① 부분은 그림으로 되어 있고 ②③ 부분은 글자로 되어 있어 ① 부분의 시각적 효과가 ②③ 부분에 비하여 상대적으로 크다. 이 사건 BI의 독창성을 문제 삼는 기사 등이 게재된 것도 바로 그런 이유 때문이었을 것이다. 그러나 ②③ 부분 역시 그 부분에서 표현하려고 했던 내용, 전체 BI에서 차지하는 비중과 배치 방법 등에 비추어 그 표현의 독창성을 부인할 수 없고, ① 부분에 비하여 그 디자인적 가치나 창의성이 떨어진다고 단정하기 어렵다. 게다가 한글 또는 영문 서체 등이 상징의 주요 부분을 차지하고 있기 때문에 ②③ 부분이 ① 부분에 종속된 보조적 기능을 하는 것에 불과하다고 보기도 어렵다. 또한 이 사건 외국 저작물만으로는 이 사건 BI가 표현하려고 하는 내용 등을 충분히 표현하기 어려우므로, 이 사건 BI가 이 사건 외국 저작물의 단순한 변형 내지 수정물이라고 보기도 어렵다.

따라서 이 사건 BI는 이 사건 외국 저작물에 저작자의 새로운 사상과 감정이 부가된 새로운 저작물로 인정된다.

■ 이 사건 조성물이 저작물에 해당하는지 여부(O)

이 사건 조성물은 그 표현 방식의 새로움과 독창성이 인정된다. 그리고 이 사건 조성물 가운데 일부는 이 사건 외국 저작물 또는 이 사건 BI와 비교해서 나무를 상징하고 있다는 공통점은 있으나, 그 표현 형식과 방식, 예술적으로 추구하는 목적 등이 달라 그 디자인의 형태적 의장은 전혀 별개인 것으로 인정된다. 따라서 이 사건 조성물 역시 저작권법에 의하여 보호되는 저작물로 인정된다.

■ 이 사건 BI와 조성물이 순수 창작품에 해당하는지 여부(O)

이 사건 입찰공고에 첨부된 제안 지침서에 사용된 '순수 창작품'이라는 용어 속에 포함된 '순수'는 법률적인 개념이 아니어서 그 법률적 효과가 그 자체로 특정되지 않고, 일상의 언어 사용에 있어서도 이와 반대되는 '비순수 창작품' 또는 '불순 창작품'이라는 용어가 통용되지 않는 이상, 위 '순수'의 의미는 그 용어가 사용된 목적과 전체 문장의 맥락 등에 비추어 그 의미를 파악할 수밖에 없다.

이 사건 입찰공고에 첨부된 제안 지침서 제6. 가. 9)항은 순수 창작품에 대응되는 개념으로 위·모작이라는 개념을 사용하고 있으므로, B회사의 저작물이 저작권법에 저촉되지 않는 위·모작이 아닌 창작물이면 위 조항에서 정한 순수 창작품의 요건은 충족되는 것으로 봄이 상당하다.

그리고 A시가 BI를 작성하게 된 목적이 특정 지역의 특성을 살린 창의적인 음식문화 시범거리를 상징하기 위한 것이라 하더라도, 그러한 목적 때문에 특정 지역의 상징으로 채택될 창작물에 원저작권자의 허락을 받은 2차적저작물이 당연히 제외되어야 한다거나 BI를 구성하는 모든 개별 요소를 입찰 업체가 자체적으로 창작한 작품만이 그 요건을 갖추었다고 볼 수는 없다.

또한 이 사건 BI와 조성물이 저작물로서의 창작성이 있고, 이 사건 BI에 사용된 단풍나무 문양이 원저작자에 의하여 상업적 사용이 허용되어 있으므로 이 사건 BI와 조성물은 이 사건 입찰공고에 첨부된 제안 지침서 제6. 가. 9)항에서 정한 순수 창작품에 해당한다.

평석

계약 등의 당사자 사이에서 합의된 '순수 창작품' 의 의미는 계약 등의 전체적인 내용과 맥락, 당사자들이 계약 등을 통해 이루고자 하는 목적 등을 종합적으로 고려하여 그 의미를 확정지을 수밖에 없다.

'하늘 아래 새로운 것은 없다' 라는 말처럼 이 세상에서 순수한 것을 찾는 것은 무척 어려운 일일 것이다. 게다가 순수라는 것은 법률적인 개념이라기보다는 철학, 종교 또는 과학적인 의미와 맞닿아 있기 때문에 이를 명확히 정의한다는 것 자체가 불가능할 수도 있다. 다만, 저작권적인 측면에서는 순수의 의미가 '창작성 있는 저작물' 로 해석될 수 있으므로, 당사자 간에 2차적저작물을 순수 창작품에서 제외한다는 명시적인 약정이 없는 한, 2차적저작물도 순수 창작품에 해당한다고 봄이 상당할 것으로 생각된다.

(2) 〈구름 이미지〉 사건

골프장의 저작물성과 관련된 사건에서 법원은 "골프장의 경우 연못이나 홀의 위치와 배치, 골프 코스가 돌아가는 흐름(Routing Plan) 등을 어떻게 정하느냐에 따라 다른 골프장과 구분되는 개성이 드러날 수 있고, 시설물이나 골프 코스의 배치 및 루팅 플랜 등을 정함에 있어 골프장 부지의 지형, 토양, 일조 방법, 바람, 식생 등 자연적 요소와 진입도로, 관리도로, 상수, 오수, 전기, 통신 등의 관로 배치 등을 종합적으로 고려함으로써 골프장의 전체적인 미적 형상을 표현하게 된다"고 하면서, 문제가 된 골프장과 관련하여 "클럽하우스, 연결도로, 홀(티, 페어웨이, 그린, 벙커, 러프 등), 연못과 그 밖의 부대시설 등의 구성 요소가 골프장 부지 내에서 배치되고 서로 연결됨에 있어 다른 골프장들과 구별할 수 있을 정도로 창조적인 개성이 인정된다고 할 것이므로, 저작권의 보호 대상인 저작물에 해당한다고 볼 수 있다"고 판시한 바 있다.[10]

이와 같이 자연에 이미 존재하는 형상이라고 하더라도 구체적인 형태 등과 그 조합에 저작자 나름의 정신적 노력의 소산으로서의 특성이 부여되어 있는 경우에는 저작권법상 보호되는 미술저작물에 해당될 수 있다.

---

10) 서울중앙지방법원 2015. 2. 13. 선고 2014가합520165 판결

이와 관련하여 이하에서는 자연에 이미 존재하는 구름 이미지가 저작권법상 보호되는 저작물에 해당하는지 아니면 이는 누가 하더라도 같거나 비슷하게 표현할 수밖에 없는 것이어서 저작권법상 저작물로 보호할 만한 창작성이 없는 것인지가 문제된 일명 〈구름 이미지〉 사건에 대해 살펴보도록 하겠다.

〈구름 이미지〉 사건[11]

A는 디지털 이미지 제작업체를 운영하면서 포토샵, 페인터 프로그램 및 타블렛 도구를 이용하여 정교한 형상의 구름 이미지를 제작하여 다른 물방울 등의 이미지들과 함께 20여 장의 CD로 제작하여 판매하였다.

B회사는 온라인물을 개발하는 게임 제작회사이고, C회사는 B회사로부터 온라인 게임물을 공급받아 국내외 이용자들에게 제공하는 회사이다(이하 B회사, C회사 등을 통칭하여 'B회사 등' 이라고 함).

B회사 등의 야구 게임물에는 하늘 부분에 수 개의 구름 이미지들이 배치되어 있다. 이에 A는 B회사 등이 A의 구름 이미지를 무단으로 도용했다는 이유로 저작권 침해에 따른 손해배상 청구소송을 제기하였다.

---

11) 서울중앙지방법원 2012. 9. 25. 선고 2012가합503548 판결

■ A의 구름 이미지의 저작물성 인정 여부(O)

A는 액정 또는 평판 타블렛에 타블렛 펜 등을 이용하여 직접 구름 형상을 그려 넣은 다음, 색채 및 명암을 삽입하는 등의 과정을 거쳐 구름 이미지를 제작하는데, A의 구름 이미지는 구름의 윤곽선이나 색채, 명암 등이 저작자인 A 나름의 표현 방법으로 세밀하게 표현되어 일반인들이 실제 구름 모습이라 착각할 정도로 정교하게 표현된 구름 이미지인 점을 인정할 수 있다.

자연에 이미 존재하는 형상의 하나인 구름 모양은 그 구체적인 윤곽선, 꼬리 형태, 굴곡, 색채, 명암 및 그 조합 형태에 따라 얼마든지 다른 모습으로 창작될 수 있는데, A의 구름 이미지는 구체적 윤곽선, 꼬리 형태, 굴곡, 색채, 명암 등을 고려할 때 누가 하더라도 같거나 비슷하게 표현할 수밖에 없는 형상의 구름 모양이라고는 볼 수 없는 것이어서, A 나름의 정신적 노력의 소산으로서의 특성이 부여되어 있는 저작권법 보호 대상인 미술저작물에 해당한다고 봄이 상당하다.

평석

자연에 존재하는 형상을 실제와 거의 비슷하게 표현하더라도, 그것을 표현할 수 있는 다양한 방법 가운데 하나를 선택해서 거기에 저작자의 개성과 창작성을 가미했다면 이 또한 저작권법상 보호받을 수 있는 저작물이 될 수 있다.

(3) 〈영화 축제 글자체〉 사건 등

1) 이 사건에서 우리는 먼저 서예와 서체 도안을 구별할 필요가 있다. 서예는 서예가의 사상과 감정을 창작적으로 표현한 정신활동의 소산물로써 예술적 특징과 가치를 가지는 독립적인 창작물이고, 글자체 또는 서체 도안은 기록이나 표시 또는 인쇄 등에 사용하기 위하여 공통적인 특징을 가진 형태로 만들어진 한 벌의 글자꼴(숫자, 문장부호 및 기호 등의 형태를 포함)을 말한다(디자인보호법 제2조 제2호).

서예는 그 작품에 체화된 서예가의 사상이나 감정 등을 전달하는 반면, 글자체 또는 서체 도안은 인쇄기술에 의하여 사상이나 정보 등을 전달하는 기능을 한다. 또한 서예는 미적 감상용인 반면, 글자체 또는 서체 도안은 문자 등의 표시에 시각적 효과 등을 첨가하거나 강화함으로써 보다 효과적으로 정보 등을 표현·전달하기 위한 용도로 사용된다.

이와 같이 글자체 또는 서체 도안은 미술저작물의 일종인 서예와는 개념, 기능, 용도 자체가 다르므로, 특별한 사정이 없는 한 그 자체는 미적 감상의 대상으로 작성된 것은 아니라고 봄이 상당하다. 그렇다면 글자체 또는 서체 도안은 우리 민족의 문화유산으로서 누구나 자유롭게 사용하여야 할 문자인 한글 자모의 모양을 기본으로 삼아 인쇄기술에 의해 사상이나 정보 등을 전달한다는 실용적인 기능을 주된 목적으로 하여 만들어진 것임이 분명해 보인다.

일부 국가에서는 특별입법이나 저작권법에 명문의 규정을 두어 인쇄용 글자체 또는 서체 도안에 대하여 법률상의 보호 대상임을 명시하고, 보호의 내용에 관하여도 일반 저작물보다는 제한된 권리를 부여하고 있는 경우가 있지만, 우리 저작권법은 글자체 또는 서체 도안의 저작물성이나 보호의 내용에 관하여 명시적인 규정을 두고 있지 않다.

실용적인 기능을 주된 목적으로 하여 창작된 응용미술 작품은 거기에 미적인 요소가 가미되어 있다고 하더라도 그 자체가 실용적인 기능과 별도로 하나의 독립적인 예술적 특성이나 가치를 가지고 있어서 예술의 범위에 속하는 창작물에 해당하는 경우에만 저작물로 보호된다.

글자체 또는 서체 도안은 일부 창작성이 포함되어 있고 문자의 실용성에 부수하여 미감을 불러일으킬 수 있는 점이 인정된다 해도 그 미적 요소 내지 창작성이 문자의 본래의 기능으로부터 분리·독립되어 별도로 감상의 대상이 될 정도의 독자성을 인정하기는 어렵기 때문에 우리 저작권법의 해석상으로는 글자체 또는 서체 도안은 저작권법에 의한 보호 대상인 저작물에는 해당하지 않는 것이 명백하다.[12]

물론 이러한 글자체 또는 서체 도안도 디자인보호법상 디자인[13]으로 보호를 받을 수는 있다. 그렇지만 글자체 또는 서

---

12) 대법원 1996. 8. 23. 선고 94누5632 판결

체 도안이 가지는 위와 같은 내적인 한계 때문에 글자체 또는 서체 도안이 디자인권으로 설정 등록된 경우라도 디자인 보호법에서는 ① 타자·조판 또는 인쇄 등의 통상적인 과정에서 글자체를 사용하는 경우와 ② 이러한 글자체의 사용으로 생산된 결과물에 대해서는 그 디자인권의 효력이 미치지 않도록 규정하고 있다(디자인보호법 제94조 제2항).

2) 여기서 다시 글자체 또는 서체 도안과 서체 프로그램을 구분할 필요가 있다. 글자체 또는 서체 도안 자체는 저작권법상 보호 받을 수 없지만, 서체 프로그램은 컴퓨터 프로그램으로서 저작권법상 보호 대상이 되기 때문이다.[14]

타인이 만든 글자체 또는 서체 도안을 무단으로 사용하는 것이 디자인보호법상 디자인권 침해가 되는 것은 별론으로 하더라도, 저작권 침해 문제는 발생하지 않는다. 그러나 타인의 서체 프로그램을 인터넷상에 무단으로 업로드하거나 다운로드하는 행위는 타인의 컴퓨터 프로그램의 복제권 등을 침해하는 것이어서 저작권 문제가 발생하게 된다.

다만, 서체 프로그램의 라이선스 계약을 위반하는 것은 해당 서체 프로그램 자체를 무단으로 복제한 것이 아닌 이상 원칙

---

13) 디자인이란 물품[물품의 부분(제42조는 제외한다) 및 글자체를 포함한다. 이하 같다]의 형상·모양·색채 또는 이들을 결합한 것으로서 시각을 통하여 미감(美感)을 일으키게 하는 것을 말한다(디자인보호법 제2조 제1호)

14) 대법원 2001. 6. 26. 선고 99다50552 판결

적으로는 저작권 침해와는 무관하고, 단지 계약 위반의 문제만 발생한다고 봄이 상당하다. 왜냐하면 서체 프로그램과 관련된 저작권 침해 문제는 서체 프로그램 자체를 무단으로 복제하거나 그 자체를 무단으로 인터넷상에서 전송하는 등의 행위를 해야만 하는 것인데, 구매한 서체 프로그램을 자신의 컴퓨터 등에 정당하게 복제하여 사용하던 중에 그 라이선스 계약 범위를 넘은 사용이 있다고 해서 이를 무단 복제나 무단 전송 행위라고 볼 수는 없기 때문이다.

그러므로 서체 프로그램 자체를 무단으로 복제하는 등의 행위와 정당하게 구매한 서체 프로그램의 라이선스 계약 범위를 초과하여 사용하는 행위는 명확하게 구분할 필요가 있다.

디자인보호법상 글자체 디자인권의 효력 제한과 비슷하게, 비록 타인의 서체 프로그램을 무단으로 복제해서 이를 이용하여 보고서 등의 결과물을 만들었다고 해도, 보고서 등 결과물에 대해서는 저작권 침해의 효력이 미치지 않는다.

예를 들어, A가 인터넷상에 있는 B회사의 서체 프로그램을 불법 다운로드해서 자신의 컴퓨터에 복제한 후, 그 프로그램을 이용해 ppt를 만들어 자신의 홈페이지에 게재하였다고 하자. 이 경우 서체 프로그램의 저작권 침해와 관련된 A 행위는 그 프로그램을 다운로드 받는 그때 발생하는 것이므로 형사상 공소시효 또는 민사상 소멸시효는 그때를 기준으로 기산되는 것이지, 그 프로그램을 이용해 만든 결과물인 ppt

가 현재까지도 홈페이지에 게재되어 있다고 해서 저작권 침해가 계속 진행 중에 있다고 볼 수는 없는 것이다. 왜냐하면 홈페이지에 게재된 ppt는 서체 프로그램을 이용해서 만든 결과물에 불과할 뿐, 그 자체가 서체 프로그램 저작권 침해와는 아무런 관련성이 없기 때문이다.

〈영화 축제 글자체〉 사건[15]

서예과 교수이자 서예가인 A는 궁체에 대비되는 독특하고 개성 있는 민체를 연구하여 작품화하여 왔고, 이러한 민체로 작품화한 춘향가를 제7회 한국서예청년 작가전에 출품하였다.

B회사는 영화 〈축제〉를 제작하여 상영하였는데 영화 제목인 '축제'라는 글자(이하 '이 사건 글자'라 함)를 기재함에 있어 위 춘향가에서 A가 쓴 글자를 사용하였다.

C는 출판사를 경영하는 자로서 소설 〈축제〉를 출판하면서 소설의 표지, 홍보물, 광고물에 '축제'라는 글자를 이 사건 글자를 사용하여 기재했다.

이에 A는 B회사와 C가 자신의 허락 없이 자신이 쓴 춘향가에 나오는 글자를 사용하였다는 이유로 B회사와 C를 상대로 저작권 침해에 따른 손해배상 및 해명서 게재를 청구하였다.

---

15) 서울지방법원 1997. 2. 21. 선고 96가합42432 판결

■ 이 사건 글자의 저작물성 여부(O)

A가 쓴 이 사건 글자는 A의 사상 또는 감정 등을 창작적으로 표현한 것으로서 A의 정신적 노력의 특성이 부여되어 있는 저작물이라고 보이므로, A는 이 사건 글자에 대하여 저작재산권과 저작인격권을 취득하였다고 할 것이다.

평석

이 사건 법원은 이 사건 글자의 저작물성을 판단함에 있어서 특별히 이유를 설명하지 않고 그 저작물성을 인정하였다. 이는 이 사건 글자가 응용미술로서가 아니라 순수 예술품이라는 점을 전제한 것으로서, 실무적으로는 해당 미술을 만든 사람이 누구이고 그것이 어떤 용도로 사용되었는지 등을 고려하여 그 미술의 저작물성을 판단하고 있다.

. . . .

위 사례와는 달리, TV 예능프로그램의 제목으로 쓰인 서예 글씨가 미술저작물에 해당하는지가 문제된 사건이 있었는데, 이 사건에서 법원은 위 사례와는 다른 판단을 하였다.

SBS 〈짝〉 vs SNL 코리아 〈짝〉 사건[16]

SBS 〈짝〉은 결혼 적령기의 일반 남녀들이 애정촌이라는 공간에 모여 짝을 찾는 과정을 보여주는 리얼리티 프로그램이다.

SNL 코리아는 tvN의 시즌제 코미디 프로그램으로 매주 유명한 연예인이 출연하여 생방송으로 진행되고, 그 주된 구성은 정치나 인물 풍자, 슬랩스틱 코미디 및 패러디 등인데, 그 가운데 〈짝〉은 일반 남녀가 아닌 연기자가 재소자 또는 환자 역할을 맡아 애정 촌에 모여서 짝을 찾는 상황에서 발생하는 여러 가지 사건을 보여주고 있다.

이에 SBS는 CJ E&M을 상대로 SNL 코리아 〈짝〉은 SBS 〈짝〉의 표현 방식 등을 모방한 것으로 〈짝〉의 저작권자인 SBS의 저작권을 침해하는 것이라고 주장하면서, B회사를 상대로 이에 따른 손해배상을 청구하였다.

■ SBS 〈짝〉에 사용된 글자체 등의 저작물성 여부(X)

SBS 〈짝〉에 사용된 글자 자체는 창작 경위와 이용 실태 등을 고려할 때 순수 서예 작품처럼 그 자체로 독립하여 감상의 대상으로 삼기 위해서 창작된 것이라고 보기 어려우므로 독립된 미술저작물에 해당한다고 할 수 없다.

16) 서울중앙법원 2013. 8. 16. 선고 2012가합80298 판결

글자 부분을 제외한 간판 역시 흰색 바탕을 가진 원형 물체의 내부에 검정색 원을 그려 넣은 것에 불과하여 그 자체로 특별한 창작성을 인정할 요소를 가지고 있다고 보기 어렵다.

따라서 위와 같은 제목 표현 방식은 저작권의 보호를 받는 별도의 미술저작물이라 할 수 없고, 글자 부분을 제외한 간판 역시 다른 저작물과 구분될 정도로 저작자의 개성이 나타나 있지 않으므로 저작권의 보호 대상이 될 수 없다.

평 석 ▬▬▬▬▬▬▬▬▬▬▬▬▬▬▬▬▬▬▬▬▬▬▬▬

SBS 〈짝〉에 사용된 (짠)이라는 글자를 만들게 된 경위는 TV 예능프로그램의 제목을 나타내기 위한 것이고, 원칙적으로 글자체는 우리 민족의 문화유산으로서 누구나 자유롭게 사용하여야 할 문자일 뿐만 아니라 그 자체가 서예 작품과 같은 독립된 감상의 대상이 된다고 보기도 어려우므로, 저작권법상 보호받을 수 있는 미술저작물에 해당한다고 할 수 없다 할 것이다.

I 3 I
응용미술의
저작물성

우리 주변에서 쉽게 볼 수 있는 미술의 한 영역으로서의 디자인은 물품과 관련된 것들이 대부분인데, 이를 응용미술이라고 한다. 대량 생산되는 물품에 동일한 형상으로 복제되어 있는 디자인이라 하더라도 그것이 창작적 표현에 해당한다면 미술저작물로서 보호받는 것이 원칙이겠지만, 저작권법에서는 그러한 디자인에 대해서는 그것이 응용미술저작물에 해당하는 경우에 한해서만 저작권법상 보호를 해주고 있다.

본래 산업상의 대량생산에 이용할 목적으로 창작된 응용미술에 대하여 디자인보호법 외에 저작권법에 의한 중첩적 보호가 일반적으로 인정되면 신규성 요건이나 등록 요건, 단기의 존속기간 등 디자인보호법의 여러 가지 제한 규정의 취지가 무의미해지고 기본적으로 디자인보호법에 의한 보호에 익숙한 산업계에 많은 혼란이 우려된다.

그러므로 이러한 응용미술에 대하여는 원칙적으로 디자인보호법에 의한 보호로서 충분하고 특별히 그 자체가 하나의 독립적인 예술적 특성이나 가치라는 별도의 요건 즉 이용된 물품과 구분되는 독자성을 충족하고 있는 창작물에 해당하는 경우에만 예외적으로 저작권법에 의한 보호가 중첩적으로 주어진다고[17] 보는 것이 타당할 것이다.

이는 응용미술 작품이 실용적인 기능을 주된 목적으로 하여 창작된 경우에 비록 거기에 미적인 요소가 가미되어 있다고 하더라도 그 모두가 바로 저작권법상의 저작물로 보호될 수는 없고, 그 자체가 실용적인 기능과 별도로 하나의 독립적인 예술적 특성이나 가치를 가지고 있어서 예술의 범위에 속하는 창작물에 해당하는 경우에만 저작물로서 보호된다는 것을 의미한다.[18]

실제 미술과 관련된 저작권 침해 사건들 가운데 디자인에 관한 것들이 상당 부분을 차지한다. 따라서 법원에서도 물품과 관련된 디자인이 '물품에 동일한 형상으로 복제될 수 있는지'(복제 가능성) 여부와 '그 물품과 구분되는 독자성이 있는지'(분리 가능성) 여부를 맨 먼저 판단하고 있다.

저작권법 제2조 제15호에서는 응용미술저작물에 관하여 '디자인을 포함하여 물품에 동일한 형상으로 복제될 수 있는 미술저작물로서 그 이용된 물품과 구분되어 독자성을 인정할 수 있는 것'으로 정의하고 있으므로, 응용미술저작물로

---

17) 대법원 1996. 2. 23. 선고 94도3266 판결
18) 대법원 1996. 8. 23. 선고 94누5632 판결, 대법원 2000. 3. 28. 선고 2000 도79 판결

서 저작권법의 보호를 받기 위해서는 저작물이 되기 위한 일반적 요건, 즉, '창작성'의 요건을 갖추는 이외에 산업적 목적으로의 이용을 위한 '복제 가능성'과 당해 물품의 실용적·기능적 요소로부터 '분리 가능성'이라는 두 가지 요건을 추가적으로 더 갖추고 있어야 한다.[19]

(1) 〈휴대폰 케이스〉 사건

휴대폰 케이스는 캐릭터를 그 형상으로 하거나 실용적인 기능을 주된 목적으로 하여 제작되는 경우가 많다. 휴대폰 케이스의 형상이 기존 캐릭터를 기반으로 하는 경우에는 그 캐릭터와 관련된 저작권 침해 문제가 발생할 수 있고, 그것이 실용적인 기능을 주된 목적으로 하여 제작된 경우에는 그것이 응용미술저작물에 해당하는지 여부가 가장 먼저 문제될 것이다. 다음의 〈휴대폰 케이스〉 사건은 그 디자인이 휴대폰 케이스의 실용적인 기능과는 별개로 하나의 독립적인 예술적 특성이나 가치를 가지는지 즉, 응용미술저작물에 해당하는지 여부가 다투어진 사례이다.

---

19) 대법원 2004. 7. 22. 선고 2003도7572 판결

〈슬라이드형 휴대폰 케이스〉 사건[20]

A회사는 휴대폰 액세서리 제조 및 유통·수출업을 하는 회사이고, B회사는 플라스틱 필름 제조업 등을 하는 회사이다.

A회사는 C회사와 함께 휴대폰 뒷면 케이스를 밀어 올려 신용카드를 넣을 수 있는 슬라이드형 휴대폰 케이스(이하 'A회사의 제품' 이라 함)를 공동 개발하여, B회사에게 독점 공급하였다. 그 후 B회사는 직접 슬라이드형 휴대폰 케이스(이하 'B회사의 제품' 이라 함)를 제작하여 매장 및 인터넷 사이트 등에 판매했다.

이에 A회사는 B회사가 무단으로 A회사의 제품과 동일·유사한 B회사의 제품을 제작하여 판매하고 있다는 이유로 저작권 침해 손해배상 청구 소송을 제기하였다.

■ A회사 제품의 응용미술저작물성 여부(X)

A회사 제품이 기존의 지갑 형식의 카드 수납형 휴대폰 케이스와는 달리, 휴대폰 뒷면의 플라스틱 케이스를 밀어 올려 신용카드를 삽입한 뒤 다시 케이스를 내려 덮음으로써 카드가 외부에 노출되거나 분실되지 않도록 고안된 것은 미적인 관점에서 의도된 것이 아니라 신용카드 등의 분실 방지라는 실용적인 기능을 주된 목적으로 하여 창작된 기능적 또는 기술적 제품으로 봄이 상당하다.

---

20) 서울중앙지방법원 2015. 10. 23. 선고 2015가합506319 판결

따라서 A회사 제품에 일부 미적 요소가 존재하더라도 그 자체가 하나의 독립적인 예술적 특성이나 가치를 가지고 있어 예술의 범위에 속하는 창작물에 해당한다고 보기는 부족하다.

평 석

이 사건에서 A회사의 슬라이드형 휴대폰 케이스 디자인은 시각적인 면에서 고안된 것이라기보다는 카드 분실 방지라는 실용적인 기능을 위해 제작된 것이므로 그 자체는 아이디어에 해당한다. 그리고 카드 분실 방지 목적을 위한 디자인들은 휴대폰 케이스라는 제한된 공간 내에서는 누구나 그렇게밖에 표현할 수 없다는 한계가 있다. 따라서 A회사의 제품은 그것을 디자인보호법상의 디자인권으로 보호받는 것은 별론으로 하고, 저작권법상 창작성이 있는 미술저작물로 보기는 어려울 것으로 생각된다.

(2) 〈캘리그래피〉 사건

요즘 주변 상가 등에 가보면 캘리그래피(calligraphy: 멋글씨)로 쓴 글씨들이 눈에 많이 띈다. 캘리그래피도 서예의 일종이기 때문에 저작자의 개성과 독창성이 녹아 있다면 미술저작물로 보호가 가능하다. 그러나 캘리그래피가 물품에 동일한 형상으로 복제된 경우에는 응용미술 작품이 되는 것이기 때문에 해당 물품과 구분되는 독창성이 있어야만 저작물로서 보호 받을 수 있게 된다.

〈캘리그래피〉 사건[21]

A는 캘리그래피를 이용하여 광고, 판촉물 제작업 등을 영위하는 자이다.

B군(郡)과 C회사 사이의 브랜드 포장재 디자인 제작 용역 계약에 따라 C회사는 D회사에게 하도급을 주었고, 다시 D회사는 A에게 BI(Brand Identity) 디자인 개발을 의뢰하였다.

A는 캘리그래피 디자인(이하 '이 사건 캘리그래피 디자인'이라 함)을 개발하여 D회사에 전달했고, D회사는 이 사건 캘리그래피 디자인으로 포장지를 도안하여 B회사의 이름으로 위 포장재 디자인을 B군에 납품하였으며, B군은 이 사건 캘리그래피 디자인을 이용하여 제품 포장 박스는 물론 판매점 간판 등에 사용하였다.

이에 A는 D회사와 계약 체결 당시 이 사건 캘리그래피 디자인의 사용 용도를 제품 포장 박스 등으로 한정하였는데 B군이 판매점 간판 등에 무단 사용하였다는 이유로 B군 등을 상대로 저작권 침해에 따른 손해배상청구 소송을 제기하였다.

■ 이 사건 캘리그래피의 응용미술저작물성 인정 여부(X)

이 사건 캘리그래피 디자인 제작 경위와 목적 및 그 디자인의 형상에 비추어 보면, 위 디자인은 대량생산을 전제로

---

21) 광주고등법원 2014. 10. 24. 선고 2013나11996 판결

'물품에 동일한 형상으로 복제될 수 있는' 미술저작물이라 할 것이다. 그런데 저작권법 제2조 제15호의 응용미술저작물로서 인정되기 위해서는 '그 이용된 물품과 구분되어 독자성을 인정할 수 있는 것' 이어야 한다.

1) 문자 부분의 창작성

이 사건 캘리그래피 디자인의 표현 소재는 문자 부분인 'B 한우', 'Korean Beef B'와 전각(篆刻) 부분인 '名品'의 세 부분으로 나뉘는데, 그 가운데 문자 부분은 지명인 B와 소고기의 품종을 이르는 보통명사인 한우(Korean Beef)가 결합되어 있고, 전각 부분 역시 품질이 좋다는 뜻의 명품을 한자로 기재한 것으로, 전체적인 내용은 상품의 종류, 출처 및 품질 즉, 'B군에서 생산된 품질 좋은 한우 소고기'임을 표시하고 있을 뿐이므로, 그 표현 소재 자체의 창작성은 있다고 하기 어렵다.

2) 표현 형식의 창작성

이 사건 캘리그래피 디자인 가운데 영문 부분은 일반적으로 사용하는 서체이고, 서예 또는 캘리그래피를 이용하여 디자인할 경우 전각의 인영을 삽입하는 것은 간단하고 흔한 배치 방식이다. 다만, 위 디자인 가운데 'B 한우' 부분은 A가 붓을 사용하여 개성적인 필체로 표현한 것이지만, 이 사건 캘리그래피 디자인은 그 목적·기능에 있어서 회화나 문자를 소재로 하여 서예가의 사상 또는 감정을 창작적으로 표현한 순수 서예품과는 달리 그 자체로 독립하여 감상의 대상으로 삼기 위하여 창작된 것이라기보다는 주로 포장박스나 포장지 등의 제품에 동일한 형상으로 복제·인쇄되어 상품의 가치를 높여 고객흡입력을 발휘하도록 하거나 또는 홍보에 이용하는 것과 같은 실용적인 목적에 주안점을 두고 있다는 점에 위 디자인의 내용 및 형식을 더하여 함께 고려하여 보면, 이 사건 캘리그래피 디자인은 포장된 상품에 관한 정보를 효과적으로 전달하기 위한 실용적 기능에 관한 관념을 불러일으킬 뿐 그러한 실용적 기능에 관한 관념과는 분리된 별개의 미적 관념을 불러일으킨다고 보기는 어렵다.

그리고 그 제작 과정에 있어서도 그와 같은 실용적인 기능에 대한 고려가 이 사건 캘리그래피 디자인의 미적 요소의 결정에 영향을 미쳤다고 할 것이므로, 이 사건 디자인은 통상적인 출처 내지 브랜드의 표시에 약간의 심미적인 요소를 부가한 것에 불과하다 할 것이다.

3) 소 결

따라서 'B 한우' 부분이 A의 개성적인 필체로 작성되었다는 것만으로 이 사건 캘리그래피 디자인이 하나의 미술저작물이라고 할 수 있을 정도의 독자적인 실체가 인정된다고 보기는 어렵다.

평 석

이 사건 캘리그래피 디자인은 포장 박스의 디자인으로 사용되는 것이기 때문에 응용미술에 해당한다. 그것이 저작권법상 보호되는 저작물이 되기 위해서는 해당 물품과 구분되는 독자성이 인정되어야 하는데, 이 사건 캘리그래피 디자인 가운데 'A 한우' 부분은 한우 포장 박스의 디자인으로 사용되는 이상의 독자적인 예술적 가치를 가진다고 보기는 어렵기 때문에 응용미술저작물에 해당한다고 볼 수 없고, 따라서 저작권법상 보호되는 미술저작물로 인정받을 수는 없다고 봄이 상당하다.

(3) 〈책 표지와 제목 디자인〉 사건

책 표지는 보통 제목과 표지 디자인으로 구성되어 있다. 만화 제목과 관련하여 〈또복이〉 사건에서 대법원은 "또복이는 사상 또는 감정의 표명이라고 보기 어려워 저작물로서의 보호는 인정하기 어렵다"고 판시한 이래로, 일관되게 저작물의 명칭이나 제목에 대해서는 그 저작물성을 인정하지 않고 있다.

이는 제목의 경우 문구가 짧고 의미가 단순하여 거기에 창작성이 있다고 볼 수 없기 때문이기도 하지만, 만일 제목에 저작물성을 인정하게 되면 그 다음부터는 어느 누구도 그 제목 저작권자의 허락 없이는 해당 제목과 같은 문구를 사용할 수 없게 되는 불합리한 문제가 생기기 때문이다.

게다가 제목처럼 짧은 문구는 저작물을 만드는 과정에서 누구나 부지불식간에 사용할 수가 있는데, 그럴 때마다 그 사용을 위해 제목 저작권자에게 허락을 받는다는 것은 현실적으로 어려운 일이고, 문화융성이라는 저작권법의 목적에도 부합하지 않는 것이다.

제목은 상표법 또는 부정경쟁방지 및 영업비밀보호에 관한 법률(이하 '부정경쟁방지법'이라고 함)로 보호받을 수 있다.

상표법에 의하는 경우에는 상표등록 출원 시 지정상품을 특정해야 하기 때문에 특정된 지정상품에 대해서만 보호를 받게 되고, 상표등록된 타인의 상표를 사용하더라도 그것이 상표적 사용에 해당하지 않는 경우(디자인적 사용 또는 제품에 관한 설명 문구 등)에는 상표권 침해로 보지 않게 되는 한계가 있다.

그리고 부정경쟁방지법에 의한 보호를 받기 위해서는 상품의 표지로서의 명칭 또는 제목이 국내에 널리 인식되어 있어야 한다는 까다로움이 있다.

〈책 표지와 제목 디자인〉 사건[22]

A 등은 초판 4종(이하 '이 사건 초판 4종'이라 함) 서적의 표지·제호를 디자인했는데, B회사 등이 이와 유사한 디자인을 그 개정판 4종(이하 '이 사건 개정판 4종'이라 함) 서적의 표지와 내지에 사용하여 출판·판매하였다.

이에 A 등은 B회사 등이 A 등의 위 표지·제호 디자인에 관한 저작권을 침해했다는 이유로 B회사 등을 상대로 출판 및 판매금지 등 청구 소송을 제기하였다.

■ 이 사건 초판 4종의 표지·제목 디자인의 응용미술저작물성 여부
  (X)

이 사건 초판 4종의 표지·제호 디자인은 모두 이 사건 초판 4종의 내용이 존재함을 전제로 하여 이를 효과적으로 전달하기 위한 수단에 불과하고, 책 표지라는 실용적인 기능과 분리되어 독립적으로 존재할 수 없으며, 그 문자·그림의 형태나 배열 등의 형식적 요소 자체만으로는 미술저작물이라고 할 수 있을 정도의 독자적인 실체가 인정되지 않으므로, 위 표지·제호 디자인은 저작권법의 보호 대상이 되는 응용미술저작물이 아니다.

---

22) 대법원 2013. 4. 25. 선고 2012다41410 판결

책 제목은 그 자체에 창작성이 있다고 할 수 없지만, 책 표지에 있는 개별적인 그림 등은 그것에 창작성이 있다면 얼마든지 저작권법상 보호되는 미술저작물로 인정될 수 있다. 그러나 표지 자체나 표지에 있는 단순한 그림 등은 그것의 실용적인 기능 등을 감안하여 응용미술저작물성 여부를 판단해야 하는데, 이 사건에서 법원은 이 사건 초판 4종에 있는 표지·제목 디자인은 그 개별적인 그림도 저작물성이 인정되지 않을 뿐만 아니라, 제목이나 전체적인 표지 디자인이 독자적인 예술적 가치가 있다고 보기 어렵기 때문에 저작권법상 보호되는 응용미술저작물에 해당하지 않는다고 판단하였다.

(4) 〈교과서 편집 디자인〉 사건[23]

그렇다면 책의 편집 디자인은 어떨까? 저작권법 제6조에서는 '편집저작물은 독자적인 저작물로 보호받을 수 있다'고 규정하고 있다. 여기서 말하는 편집저작물은 '편집물로서 그 소재의 선택·배열 또는 구성에 창작성이 있는 것'을 의미한다. 그러나 책의 편집 디자인은 서적의 내용과는 무관하게 서체의 모양, 크기 및 색채의 선택, 줄 간격의 조정, 여백의 정도, 그림 내지 사진의 변형 내지 배열, 배경의 색채 결정, 캐

---

23) 서울중앙지방법원 2010. 1. 13. 선고 2009카합3104 결정

릭터나 기호의 사용 등에 창작성이 있다는 것을 말하는 것이
므로, 편집저작물과는 다른 의미를 지닌다 할 것이다.

■ 이 사건 교과서의 편집 디자인이 응용미술저작물에 해당하는지
   여부(X)

응용미술저작물이 되기 위한 요건으로서, '해당 물품과 구
분되는 독자성'이란 예컨대, 넥타이의 문양과 같이 당해 물
품의 기능적 요소와는 구분되는 미적 요소로서 그 자체로
얼마든지 다른 물품(의류, 가방 등)에도 적용될 수 있는 성질을
의미한다. 그런데 이 사건 교과서의 편집이나 구성 등 형식
적인 부분은 모두 그 내용(교과서 원고)의 존재를 전제로 이를
효과적으로 전달하기 위한 수단에 불과하므로, 문자·그림의
형태나 배열 등의 형식적 요소 자체만으로는 하나의 미술저
작물이라고 할 수 있을 정도의 독자적인 실체가 인정되지 않
는다.

교과서를 비롯한 학습도서는 원칙적으로 문자를 그 구성 요
소로 하고 있고, A의 작업 부분도 상당 부분 문자의 형태(서
체, 크기 등)나 배치(줄 간격 등)와 관련되어 있는데, 이는 도서의
고유한 특성으로서 문자를 구성 요소로 하지 않는 대부분
의 물품에는 이를 그대로 적용할 수가 없으므로(문양이나 장식이
여러 물품에 실질적으로 동일한 형태로 구현될 수 있는 것과 대조된다), 이 점에
서도 A의 작업물이 물품과의 '분리 가능성'을 요건으로 하
는 응용미술저작물에 해당한다고 보기 어렵다.

다만 이 사건 교과서의 편집 형식이나 구성의 저작물성이 부정되는 것과는 별개로, A가 이 사건 교과서에 삽입한 그림 가운데 A가 직접 창작하여 독립적인 예술적 특성이나 가치를 가지고 있는 것은 개별적으로 응용미술저작물로 인정될 여지도 있으나, 이에 대한 주장과 입증이 전혀 없을 뿐만 아니라, 삽화 작업은 위 디자인 용역 계약의 내용에 포함되지도 않았으므로 이 사건 교과서 디자인 가운데 개별적으로 응용미술저작권에 해당하는 부분이 있다고 보기도 어렵다.

평 석

교과서의 편집이나 구성은 그 자체가 표현이 아닌 아이디어에 해당하기 때문에 이러한 부분이 비슷하다 해도 저작권 침해가 되지는 않는다. 그리고 그 자체를 미술로 볼 수도 없기 때문에 응용미술저작물성 여부를 따질 필요도 없이 저작권법상 보호받는 저작물에 해당하지 않는다고 봄이 상당하다. 그러나 교과서에 삽입된 개별 그림 등이 창작성이 있는 경우에는 별개로 보호를 받을 수 있으므로, 출판물 관련 저작권 사건에서 삽화도 함께 문제가 된 경우에는 이에 대한 저작권 침해 주장도 잊지 않도록 하여야 할 것이다.

(5) 〈애완동물용 개집〉 사건

애완동물용 개집의 경우도 일종의 물품에 해당하기 때문에, 저작권법상 보호는 그 디자인이 응용미술저작물에 해당하는지 여부에 달려 있다. 특히 개집의 경우에는 디자인을 할 때 실용적인 측면을 많이 고려할 수밖에 없으므로, 그러한 외관 디자인이 응용미술저작물로서 저작권법상 보호를 받을 여지는 다른 디자인에 비해서 좁다 할 것이다. 가끔 이러한 응용미술 작품의 제작자가 이를 한국저작권위원회에 저작권 등록하는 경우가 있는데, 그 등록이 해당 응용미술 작품의 저작물성을 곧바로 인정하는 것은 아니라는 점을 알아둘 필요가 있다.

〈애완동물용 개집〉 사건[24]

B는 C로부터 한국저작권위원회에 저작권 등록된 애완동물용 개집 디자인(이하 '이 사건 저작물' 이라 함)에 대한 저작재산권을 양도받았다. 그런데 A는 이 사건 저작물과 동일하거나 유사한 모양의 개집을 생산하여 동물병원 또는 애견용품점에 판매하고 있었다.

B는 A에게 그 개집의 생산 및 판매의 중단 등을 요구하는 내용증명을 발송하고 A를 상대로 저작권 침해 금지 가처분을 신청하였다.

이에 A는 B를 상대로 이 사건 저작물은 저작물성이 없고 따라서 이에 대한 저작권이 존재하지 않는다는 것을 확인하는 저작권부존재확인 청구의 소를 제기하였다.

■ 이 사건 저작물이 응용미술저작물에 해당하는지 여부(X)

이 사건 저작물은 실용품인 애완동물용 개집에 적용된 응용미술에 속한다. 이 사건 저작물의 기본적인 형태나 모양, 구성 요소 및 그 배치 등을 종합하면, 어느 정도 심미적인 요소가 부가되어 있다고 볼 수는 있지만, 애완동물용 개집이라는 실용품에서 물리적 또는 관념적으로 벗어나 다른 실용품에 그대로 적용될 수 있을 정도라고 보기는 어렵다.

설령 애완동물용 개집의 외관이 미적 고려에 의해 결정되었다고 하더라도, 실용품으로부터 분리하여 그 자체의 독자성이 확인될 수 있는 요소가 있다면 그러한 요소만이 저작권법의 보호를 받을 수 있을 뿐이지 그 실용품 자체인 애완동물용 개집의 전반적인 형상에까지 저작권법의 보호가 미친다고 볼 수는 없다. 나아가 이 사건 저작물에서 애완동물용 개집이라는 실용품의 기능 또는 효용에서 관념적으로 구분될 수 있다고 보이는 미적 요소만으로는 이 사건 저작물의 전체적인 심미감을 그대로 나타낼 수 있다고 보기도 어렵다.

따라서 이 사건 저작물은 애완동물용 개집이라는 실용품의 실용적·기능적 요소로부터 물리적 혹은 관념적으로 구분될 수 있을 정도라고 보기는 어렵기 때문에 응용미술저작물로서 저작권법의 보호를 받기 위한 '분리 가능성'이라는 요건

---

24) 서울중앙지방법원 2010. 1. 23. 선고 2012가합543317 판결

을 충족하지 못하므로, 이 사건 저작물이 응용미술저작물로서 창작성이 있는지 여부를 살펴볼 필요도 없이 저작권법의 보호 대상이 되는 응용미술저작물에 해당하지 않는다고 봄이 상당하다.

■ 한국저작권위원회에 저작권이 등록되었다는 이유만으로 해당 등록물이 저작물로 바로 인정되는지 여부(X)

한국저작권위원회는 저작물에 해당하지 아니함이 명백하다고 인정되는 경우에 한하여(반드시 저작물성을 부인한 판례가 확립되어 있다거나 학설상 이론의 여지가 전혀 없는 경우만을 의미하는 것은 아니다), 그 등록을 거부하는 형식적 심사 권한만을 행사하는 것이고, 개개 저작물의 독창성의 정도와 보호의 범위 및 저작권의 귀속 관계 등 실체적 권리 관계까지 심사할 권한은 없다. 그러므로 이 사건 저작물이 한국저작권위원회에 의해 저작권 등록이 되어 있었다고 하더라도, 응용미술저작물로서 '분리가능성'이라는 요건을 충족하지 못하는 이상 저작권법의 보호 대상이 아니라고 보는 데에는 아무런 영향이 없다.

평 석

이 사건은 응용미술저작물이 되기 위한 '해당 물품과 구분되는 독자성' 즉, '분리가능성'에 관해 명확히 이해할 수 있는 사례라고 할 수 있다. 즉, 이 사건 저작물은 물품에 적용되는 것으로서 응용미술에 해당하고, 그것이 애완동물용 개집과 분리해서 다른 용도로 사용될 여지가 없다는 이유로 이 사건 저작물을 저작권법상 응용미술저작물로 인정하지 않은 것이다.

그리고 한국저작권위원회에 저작권 등록이 되어 있다는 것과 저작물성이 별개의 문제인 이유는 그 등록물이 명백하게 저작물성이 없거나 명백하게 등록자의 저작물이 아닌 경우 이외에는 모두 등록이 가능하기 때문이다. 한국저작권위원회는 등록물에 대한 저작권법적인 실체 요건을 심사할 권한이 없다. 그래서 한국저작권위원회에 저작권을 등록했다고 해서 곧 바로 등록자가 저작자가 되는 것도 아니고(다만, 저작권법상 저작권 등록자는 해당 등록물에 대한 저작자로 추정된다), 그 등록물이 저작권법상 보호되는 저작물에 해당한다는 것을 의미하는 것도 아니라 할 것이다.

(6) 〈자전거 거치대〉 사건

응용미술 작품의 전체적인 형태는 해당 물품을 구성하기 위한 필수적 요소이기 때문에 그 자체로는 그 물품과 구분되어 독자성을 인정할 수 없더라도, 그 일부 문양 등이 얼마든지 다른 실용품의 디자인으로 이용될 수 있는 경우라면 그 부분에 한해서는 응용미술저작물로 인정될 수 있다.

〈자전거 거치대〉 사건[25]

A회사는 자전거 보관대(이하 'A회사 디자인 1'이라 함)와 장미아취(이하 'A회사 디자인 2'라 함)를 디자인하여 홈페이지에 게시하였고, A회사 디자인 1, 2를 적용한 제품을 조달청에 조달 등록한 후 조달물품 자료집에 수록하였으며, 동시에 제품 카탈로그에 수록하여 발표하였다.

그 후에 다시 A회사는 자전거 보관대(이하 'A회사 디자인 3'이라 함)를 디자인하였고, 이를 적용한 제품을 제품 카탈로그에 수록하여 발표하였다.

B회사는 아파트 신축 현장에 자전거 보관대(이하 'B회사 제품 1'이라고 함)를 납품·설치하였고, 다른 아파트 신축 공사 현장에 장미아취(이하 'B회사 제품 2'라 함)와 자전거 거치대(이하 'B회사 제품 3'이라 함)를 납품·설치하였다.

이에 A회사는 B회사가 A회사 디자인 1, 2, 3을 무단으로 도용하여 만든 제품들을 아파트 신축 현장에 설치함으로써, A회사의 저작권을 침해했다는 이유로 저작권 침해에 따른 손해배상 청구 소송을 제기하였다.

---

25) 대법원 2007. 6. 28. 선고 2005도1450 판결

■ A회사 디자인들의 저작물성 여부

1) A회사 디자인 1의 저작물성 여부

① A회사 디자인 1 전체의 저작물성 여부(X)

A회사 디자인 1 가운데 자전거를 세워두기 위한 거치대 부분, 지붕을 떠받치기 위하여 좌우에 위치한 넓은 판 형태의 기둥, 눈, 비 등을 막기 위한 완만한 호 형태의 지붕은 자전거 보관대를 구성하기 위한 필수 요소로서 그 이용된 물품인 자전거 보관대와 구분하여 독자성을 인정하기 어렵다. 따라서 A회사 디자인 1 전체가 저작권법에 의하여 보호되는 응용미술저작물에 해당한다고 할 수 없다.

② A회사 디자인 1 가운데 기둥에 존재하는 흰색 모양(이하 'A회사 디자인 1 모양' 이라 함)의 저작물성 여부(O)

A회사 디자인 1 모양은 흰색 곡선의 배열을 통해서 A회사가 자신의 독자적인 사상을 A회사 나름의 방법으로 표현한 것이 인정되고, 나아가 A회사의 정신적 노력의 소산으로서의 특성이 부여되어 있다고 보이므로 저작물로서의 창작성이 인정된다.

또한 그 이용된 물품인 자전거 보관대는 A회사 디자인 1 모양을 기둥에 그대로 인쇄 및 복제하는 방법으로 제작된 것으로, A회사 디자인 1 모양은 얼마든지 다른 실용품의 디자인으로도 이용될 수 있는 것이므로 독자성을 인정할 수 있다. 따라서 A회사 디자인 1 모양은 저작권법의 보호 대상인 응용미술저작물에 해당한다.

2) A회사 디자인 2의 저작물성 여부

① A회사 디자인 2가 건축저작물에 해당하는지 여부(X)

저작권법은 건축저작물의 대상으로 건축물, 건축을 위한 모형 및 설계도 등을 예로 들고 있을 뿐 그 대상이 되는 건축물에 관하여는 아무런 정의 규정을 두고 있지 않다. 그러나 건축물이란 땅 위에 지은 구조물 가운데 지붕, 기둥, 벽이 있는 건물을 통틀어 이르는 말[26]이고, 건물이란 사람이 들어 살거나, 일을 하거나, 물건을 넣어 두기 위하여 지은 집을 통틀어 이르는 말[27]로서, 저작권법의 보호 대상인 건축저작물에 해당하기 위해서 반드시 주거를 목적으로 할 필요는 없지만 어느 정도 사람의 통상적인 출입이 예정되어 있고, 건축물의 지붕, 기둥, 벽을 통해서 실내외를 구분할 수 있을 정도에는 이르러야 한다 할 것이다.

그런데 A회사 디자인 2는 실외의 사람이 통행하는 길에 설치되어 장미 등의 식물이 옆 기둥 및 천정 부분을 타고 올라

---

26) 국립국어원 표준국어대사전
27) 국립국어원 표준국어대사전

가는 용도로 사용되는 것으로서 사람이 그 내부에서 일정한 활동을 하기 위한 건축물에 해당한다고 할 수 없다.

따라서 결국 A회사 디자인 2는 저작권법의 보호 대상인 건축저작물이라 할 수 없다.

② A회사 디자인 2가 응용미술저작물에 해당하는지 여부(X)

A회사 디자인 2는 좌우의 기둥 및 지붕으로만 구성되어 있어 그 자체로 그 이용된 물품인 장미아치와 구분되어 독자성을 인정할 수 있다고 보기 어렵고, 다른 실용품에 복제될 수도 없으므로 저작권법의 보호 대상인 응용미술저작물이라 할 수 없다.

③ A회사 디자인 3의 응용미술저작물성 여부(X)

A 디자인 3은 좌우의 원형 기둥 및 이에 연결된 지붕, 자전거를 세워두기 위한 거치대로만 구성되어 있어 그 자체로 그 이용된 물품인 자전거 보관대와 구분되어 독자성을 인정할 수 있다고 보기 어렵고, 다른 실용품에 복제될 수도 없으므로 저작권법의 보호 대상인 응용미술저작물이라 할 수 없다.

이 사건에서 법원은 응용미술에 해당하는 A회사 디자인들
은 그 이용된 물품인 자전거 보관대 등과 분리하여 다른 실
용품에 적용될 수 있는 분리 가능성이 없다고 판단하여 그것
의 응용미술저작물성을 부정했다. 다만, A회사 디자인 1 가
운데 기둥에 존재하는 흰색 모양은 이를 다른 실용품에도 얼
마든지 적용이 가능하다는 이유로 그 분리 가능성을 인정함
과 동시에 그 자체도 A회사의 독자적인 사상을 표현한 것이
라 인정하여 그것의 응용미술저작물성을 긍정했다.

(7) 〈전기보온밥통〉 사건

전자제품에 적용된 문양도 응용미술에 해당하기 때문에 그
문양이 이용된 전자제품과 구분되는 독자성 여하에 따라 응
용미술저작물성 여부가 달라진다. 그러나 이와 같은 독자성
만으로 응용미술저작물이 되는 것은 아니고 그 응용미술 자
체가 창작성 있는 표현에 해당하여야 하는 것은 물론이다.

다음에 살펴볼 〈전기보온밥통〉 사건에서는 그 문양의 응용
미술저작물성을 부정했지만, 같은 전자제품으로서 냉장고
디자인 패턴 관련 성명표시권이 문제된 일명 〈김치 냉장고
디자인 패턴〉 사건[28])에서는 김치 냉장고 디자인 패턴이 응
용미술저작물에 해당하는지 여부에 관한 특별한 판단 없이
그 저작물성을 인정했다.

〈전기보온밥통〉 사건[29]

B회사는 A가 그 저작권을 가지고 있는 꽃무늬 문양(이하 '이 사건 문양' 이라 함)을 이용하여 전기보온밥통을 제조·판매했다는 이유로 저작권법 위반으로 기소되었다.

■ 이 사건 문양의 응용미술저작물성 여부(X)

① 1심 법원의 판단

B회사가 그 저작권을 침해했다는 문양은 튜울립, 장미 등의 꽃무늬를 적절히 배열한 문양으로서 전기보온밥통의 외부 측면에 그려져 있는데, 이는 전기보온밥통의 외부 디자인으로 사용하기 위한 것으로서 실용품에 결합된 응용미술저작물의 일종에 해당한다고 할 것이다.

② 2심 법원의 판단

이 사건 문양은 그 제작 경위와 목적, 외관 및 기능상의 특성 등 제반사정에 비추어 볼 때, 전기보온밥통의 기능과 물

---

28) 서울서부지방법원 2011. 10. 28. 선고 2011가합1408 판결
29) 수원지방법원 2000. 5. 4. 선고 99노4546 판결

리적·개념적으로 분리되어 식별될 수 있는 예술적 특성을
가지고 있다고는 도저히 볼 수 없다.

평 석 ━━━━━━━━━━━━━━━━━━━━━━━

통상 전자제품에 그려져 있는 문양 등은 그것이 해당 전자
제품의 기능 등과 불가분의 관계에 있는 것이 아닌 한, 그
이용된 전자제품과 분리하여 다른 실용품에 사용될 여지가
높기 때문에 그 문양에 창작성이 있다면 다른 응용미술에
비해서 응용미술저작물로 인정될 가능성이 높은 편이다. 그
런데 이 사건의 2심법원은 이 사건 문양의 분리 가능성을 부
인하면서 그것의 응용미술저작물성을 인정하지 않았다.

(8) 〈히딩크 넥타이〉 사건

응용미술 가운데 물품의 형태와는 무관하게 그 자체로서 디
자인적 의미를 가지는 경우는 응용미술저작물로서 저작권법
상 보호를 받을 수 있다. 이는 앞서 본 자전거 거치대의 구
조 가운데 기둥에 새겨진 문양이 응용미술저작물로서 보호
를 받는 것과 같은 이치이다.

이와 관련해서 일명 '히딩크 넥타이'의 도안이 응용미술저
작물로서 저작권법상 보호 대상이 되는지 여부가 치열하게
다투어진 사건이 있었는데 이에 대해 간략히 살펴보자.

〈히딩크 넥타이〉 사건[30]

A는 태극 문양과 팔괘 문양이 상하·좌우로 반복된 일명 히딩크 넥타이를 디자인했다. 그런데 B공사 과장 C는 이 히딩크 넥타이 문양과 동일한 문양이 인쇄된 넥타이를 제작 의뢰하여 납품받았다. 이에 B공사와 C는 저작권법 위반으로 기소되었다.

■ 〈히딩크 넥타이〉가 응용미술저작물에 해당하는지 여부(O)

1) 파기 환송 전 법원의 판단

① 파기 환송 전 1심 법원의 판단

히딩크 넥타이 도안은 우리 민족 고유의 태극 문양 및 팔괘 문양을 상하·좌우 연속 반복한 넥타이 도안으로서 응용미술 작품의 일종에 해당된다. 그러나 그 제작경위와 목적, 색채, 문양, 표현 기법 등에 비추어 볼 때 실용물인 넥타이와 분리된 도안 그 자체가 하나의 독립적인 예술적 특성이나 가치를 가지고 있는 창작물이라고 보기는 어려우므로, 히딩크 넥타이 도안은 저작권법의 보호 대상이 되는 저작물에 해당되지 않는다.

---

30) 서울중앙지방법원 2013. 9. 27. 선고 2013가합27 판결

② 파기 환송 전 2심 법원의 판단

1심 법원이 히딩크 넥타이 도안은 우리 민족 전래의 태극 문양 및 팔괘 문양을 상하·좌우 연속 반복한 넥타이 도안으로서 응용미술 작품의 일종에 해당된다고 할 것이나, 그 제작 경위와 목적, 색채, 문양, 표현 기법 등에 비추어 볼 때 저작권법의 보호 대상이 되는 저작물에 해당하지 않는다고 판단한 것은 정당하다.

③ 파기 환송 전 대법원의 판단

히딩크 넥타이 도안은 우리 민족 전래의 태극 문양 및 팔괘 문양을 상하·좌우 연속 반복한 넥타이 도안으로서 응용미술 작품의 일종이라면 위 도안은 '물품에 동일한 형상으로 복제될 수 있는 미술저작물'에 해당한다고 할 것이며, 또한 그 이용된 물품(이 사건의 경우에는 넥타이)과 구분되어 독자성을 인정할 수 있는 것이라면 응용미술저작물에 해당한다고 할 것이다.

그렇다면 히딩크 넥타이 도안이 그 이용된 물품과 구분되어 독자성을 인정할 수 있는지에 관하여 먼저 심리하여야 할 것인데도, 2심법원은 단지 위에서 본 이유만으로 위 도안이 저작권법의 보호 대상인 저작물에 해당하지 아니한다고 판단하고 말았다.

2) 파기 환송 후 대법원의 판단

A가 디자인한 태극 문양과 팔괘 문양이 상하·좌우로 반복된 일명 히딩크 넥타이에 나타나 있는 도안은 저작권법 소정의 응용미술저작물에 해당한다.

평석

이 사건의 최초 2심법원은 응용미술에 해당하는 히딩크 넥타이 도안은 응용미술저작물로 인정되지 않는다고 판단하였는데, 파기 환송 전 대법원은 2심 법원이 '분리 가능성' 즉 '그 이용된 물품과 구분되는 독자성'에 관하여 심리를 다하지 않았다는 이유로 파기 환송하였고, 그 결과 히딩크 넥타이 도안은 그 이용된 물품인 넥타이와 구분되는 독자성이 인정되는 응용미술저작물에 해당한다는 최종 결론에 이르게 되었다.

(9) 소 결

이상과 같이 당초부터 상업적인 대량생산에 이용하거나 실용적인 기능을 주된 목적으로 하여 창작된 응용미술의 경우에는 그것이 응용미술저작물로 인정되는지 여부에 따라 저작권 침해 여부가 판가름 나는 것이므로, 저작권 침해를 주장하는 측과 이를 방어하는 측에서는 이러한 점을 항상 마음에 두고 공방을 펼쳐나가야 할 것이다.

4

장소 특정적 미술의
저작물성

장소 특정적 미술(Site-specific art)이란 작품이 위치한 특정 장소가 그 작품의 주요한 구성 요소가 되는 미술을 말한다. 장소가 단순히 미술 작품을 설치하기 위한 공간으로서의 의미를 넘어서 그 미술 작품의 주요한 일부분이 되는 것이다. 이러한 이유로 특정 장소에 설치되어 있는 장소 특정적 미술 작품을 다른 장소를 옮기거나 이를 소각 등을 하는 때에는 저작자의 저작인격권 가운데 동일성유지권과 헌법상 보장되는 예술의 자유를 침해한다는 문제가 제기될 수 있다.

이와 관련해서 〈도리산역 벽화 철거〉 사건에서는 법원이 장소 특정적 미술과 관련된 저작권자의 주장에 대해 어떤 입장을 피력했는지에 관해서만 간략히 살펴보고, 그 구체적인 내용에 대해서는 Part 4 '미술저작물의 저작(권)자와 그 이용' 부분에서 자세히 살펴보도록 하겠다.

---

31) 서울고등법원 2012. 11. 29. 선고 2012나31843 판결

〈도리산역 벽화 철거〉 사건[31]

통일부는 경의선 철도·도로 출입시설 공용 야드 건설 신축 기타 공사(이하 '도리산역 건축공사'라 함)을 B에게 위탁하였고, B는 C회사와 도리산역 건축공사에 대한 도급계약을 체결하였다.

통일부는 통일문화관을 도리산역사 내에 조성하고자 도리산역 방문객들에게 남북교류협력의 현실과 통일 미래에 대한 희망을 줄 수 있는 작품을 창작하여 제공해 줄 것을 의뢰하였고, 이에 도리산역 건축공사를 실제 시공하는 C회사는 A와 도리산역사 내에 미술품을 제작하여 설치하는 내용의 계약을 체결하였다.

A와 C회사 사이의 미술품설치계약서에는 '본 계약 목적물의 소유권은 C회사의 잔대금 완불과 동시에 A로부터 C회사로 이전된다'고 명시되어 있다.

A는 도리산역사 내벽 및 기둥들에 '포토콜라쥬' 기법을 활용한 14점의 벽화(이하 '이 사건 벽화'라고 함)를 제작하여 설치하였고, C회사로부터 잔대금을 모두 지급받았다.

이후 C회사는 도리산역 건축공사를 완료하여 B에게 그 시설물 일체를 인도하였고, B는 이를 다시 통일부에 인도하여, 통일부가 이 사건 벽화를 소유하게 되었다. 그 후 통일부는 도리산역 관광객의 부정적인 여론이 있다는 이유로 도리산역 관광객을 대상으로 한 설문조사 및 전문가와의 간담회를 개최한 다음 이 사건 벽화를 철거하기로 결정하였다.

철거공사는 이 사건 벽화에 물을 분사하여 원래의 규격보다 작은 규모로 이 사건 벽화를 절단하여 벽체와 이 사건 벽화를 박리

시키는 방법으로 진행되었으며, 철거 후 통일부는 이 사건 벽화를 소각하였다.

이에 A는 위와 같은 통일부의 행위는 이 사건 벽화에 대해 자신이 갖고 있는 저작인격권 가운데 동일성유지권을 침해하는 행위이고 A의 예술의 자유 또는 인격권을 침해한 불법 행위에 해당한다는 이유로 이에 따른 손해배상 및 광고문 게재를 청구하는 소송을 제기하였다.

■ 이 사건 벽화가 장소 특정적 미술로서 이 사건 벽화를 철거하여 다른 곳에 옮기는 것 자체가 이 사건 벽화의 동일성을 깨뜨리는 것인지 여부(X)

 A의 주장

이 사건 벽화는 장소 특정적 미술로서 작품의 위치가 작품의 주요 구성 부분을 이루는 경우이므로, 이를 철거하여 다른 곳에 옮긴 것 자체로 저작물의 내용, 형식, 제호의 동일성을 깨뜨리는 행위에 해당한다.

A가 주장하는 장소 특정적 미술이란 현행 저작권법에서는 인정하지 아니하는 개념임이 명백하므로, 이에 대하여 다른 저작물에 비하여 특별히 보호할 근거가 없다. A의 이 부분 주장은 현행 저작권법 해석의 한계를 넘는 것으로 더 나아가 살필 필요 없이 받아들일 수 없다.

평석

이 사건에서 법원은 A가 주장한 장소 특정적 미술이라는 개념 자체를 인정하지 않았다. 현행 저작권법의 해석의 한계를 넘는 것이라고만 하였을 뿐 구체적인 이유에 대해서는 언급하지 않았고, 장소 특정적 미술을 다른 저작물에 비해 특별히 보호할 근거가 없다고 덧붙였다. 그러나 미술은 일반 저작물들과는 다른 고유한 특성을 가지고 있는 것이기 때문에 앞으로는 이러한 장소 특정적 미술을 포함한 여러 가지 미술 형태에 대해 그것의 저작물성 인정 여부에 관한 심도 있는 논의가 필요할 것으로 생각된다.

5

아이디어와 표현의
이분론

저작권법은 아이디어와 표현을 구분하여 아이디어에 대해
서는 이를 보호하지 않고, 표현만 그 보호의 대상으로 삼고
있다. 아이디어에 속하는 것은 그것이 아무리 독창성이 있
더라도 보호받지 못한다는 뜻이다. 그렇기 때문에 미술저작
물 관련 저작권 사건에서 그 미술저작물을 구성하는 요소들
가운데 어떤 것이 아이디어에 해당하고 어떤 것이 표현에 해
당하는지를 구분하는 것은 매우 중요한 의미를 갖는다.

그리고 이러한 아이디어와 표현의 이분론은 단순한 이론이
아니라 실제 저작권 침해 사건에서 자주 인용되는 논리 가
운데 하나다. 미술과 관련해서도 문제되는 경우가 종종 있
는데, 이에 대해 몇 가지 사례를 통해 살펴보도록 하겠다.

(1) ⟨onl⟩ 사건

글자를 이용한 디자인에 있어서 글자의 디자인적인 부분이
아닌 글자 자체의 표기 방법 등은 표현이라기보다는 아이디
어에 해당한다고 할 수 있다. 만일 이러한 글자의 표기 방법
에 저작권을 부여하게 되면 향후 다른 사람의 저작물 창작
범위를 중대하게 제한하는 결과가 발생하게 되므로, 이와 같
은 방법적인 것은 저작권법상 보호 대상으로 삼기가 어렵다.
이와 관련하여 글자 디자인과 그 글자의 표기 방법 모두가
쟁점이 되었던 사례에 대해 살펴보자.

⟨onl⟩ 사건[32]

A회사는 음식점업을 운영하면서 onl을 두 가지 형태로 디자인한
도안을(이하 'A회사의 각 도안' 이라 함) 포장판매용 제품, 용기, 간
판, 메뉴판 등에 표시하여 사용하고 있다.
B회사는 위 도안과 실질적으로 유사한 형태의 도안(이하 'B회사의
도안' 이라고 함)을 만들어서 화장품 제조업 등을 영위하고 있다.
이에 A회사는 B회사를 상대로 저작권 침해금지 가처분을 신청
하였다.

---

32) 서울고등법원 2014. 2. 10. 선고 2013라1364 결정

■ A회사의 각 도안의 응용미술저작물성 여부(O)

Onl A회사의 각 도안은 onl을 필기체로 쓴 글자 안에 커피 원두를 연상시키는 그림을 삽입하거나 글자 주변에 잎사귀를 연상시키는 그림을 그려 넣는 방식 또는 onl을 각진 도형 모양으로 형상화하여 가로줄과 세로줄을 교차시키거나 가로로 늘어놓은 방식으로 색상, 크기, 형태, 배치 등 시각적 요소를 나름대로 표현한 응용미술저작물로서 창작성이 인정된다.

■ onl 표기 방법의 저작물성 여부(X)

A회사의 각 도안에서 한글 단어 '오늘'을 영문자 onl로 표현하였다는 점은 한글 단어의 영문 표기 방법에 관한 추상적 아이디어일 뿐, 저작권법의 보호 대상인 표현에 해당한다고 볼 수는 없다. 그리고 상표나 제호 등에서 한글 단어를 영문으로 표기하면서 발음 그대로 표기하지 않고 편의상 일부 모음을 생략하는 형태는 한글 단어를 영문으로 표기하는 여러 방법 중에서 하나를 선택한 것은 비교적 흔히 발견할 수 있는 사례이다. 따라서 A회사는 영문자 onl을 기초로 하여 창작한 응용미술저작물인 A회사의 각 도안에 대해서 저작권을 가질 뿐, onl이라는 영문 표기 방법 자체에 대해서는 저작권을 가진다고 볼 수 없으므로, 필기체 등 일반적 글자체로 표기된 onl 문자 부분을 A회사 각 도안과 B회사 도안에 관한 실질적 유사성의 판단 대상으로 삼을 수는 없다.

이 사건에서 법원은 A회사 각 도안 자체의 저작물성은 인정했지만, onl의 표기 방식 자체와 관련해서는 아이디어에 불과하기 때문에 양 도안의 실질적 유사성 판단 시 고려 사항이 아니라고 판단했다. 그 후 법원은 A회사의 각 도안과 B회사의 도안이 실질적으로 유사한지 여부와 관련하여 양 도안은 나뭇잎·커피콩 그림과 새 그림의 형상 및 위치, 글자 O 부분의 크기·형태와 후속 글자와의 연결 여부, 글자 선의 굵기와 전체적 느낌 등의 구체적인 표현에 분명한 차이가 있다는 이유로, 그 실질적 유사성을 부정했다.

(2) 〈교과서 편집 디자인〉 사건

서적의 편집 디자인의 전체적인 분위기는 그 자체만으로는 실체가 있다고 할 수 없으므로 표현이 아닌 아이디어에 해당한다. 이와 관련하여 앞서 본 〈교과서 편집 디자인〉 사건 (91쪽 참고)에서 법원은 "학습도서 출판업체인 B회사의 작업은 A로부터 제공받은 견본 디자인을 기초로 한 것이어서 수정 작업 후에도 전체적인 분위기는 크게 달라지지 않았지만, 전체적인 분위기 자체만으로는 회화, 조각, 공예처럼 미술저작물로서의 독자적인 실체가 형성되어 있다고 볼 수 없고, 이는 도서의 편집 방향을 제시하는 아이디어의 영역에 속한다고 보아 A의 디자인과 B회사의 디자인이 실질적으로 동일 또는 비슷하다고 인정할 수 없다"고 판단하였다.[33)]

(3) 〈지도〉 사건

일반적으로 지도는 지표상의 산맥·하천 등의 자연적 현상과
도로·도시·건물 등의 인문적 현상을 일정한 축적으로 미리
약속한 특정한 기호를 사용하여 객관적으로 표현한 것으로
서 지도상에 표현되는 자연적 현상과 인문적 현상은 저작권
의 보호 대상이 아니라고 할 것이다. 따라서 지도의 창작성
유무의 판단에 있어서는 지도의 내용이 되는 자연적 현상과
인문적 현상을 종래와 다른 새로운 방식으로 표현하였는지
여부와 그 표현된 내용의 취사선택에 창작성이 있는지 여부
가 기준이 된다. 한편 지도의 표현 방식에 있어서도 미리 약
속된 특정의 기호를 사용하여야 하는 등 상당한 제한이 있
어 동일한 지역을 대상으로 하는 것인 한 그 내용 자체는 어
느 정도 유사성을 가질 수밖에 없는 것이다.[34)

이렇게 지도와 같이 일정한 용도와 목적에 따라 입체적인 형
태 등으로 표기하는 방법 그 자체는 아이디어에 불과하기
때문에 저작권법상 보호 대상 될 수 없다. 따라서 그러한 표
기 방법이 비슷하다는 이유만으로는 저작권 침해가 되지는
않는다. 다만, 그 표현된 형태에 창작성이 있고 그러한 표현
과 동일·유사하게 만들어진 것이라면 저작권 침해가 문제될
수 있다.

---

33) 서울중앙지방법원 2010. 1. 13. 선고 2009카합3104 결정
34) 대법원 2003. 10. 9. 선고 2001다50586 판결

A회사는 자신이 운영하는 인터넷 사이트에 세계 주요 도시에 관한 웹 지도(이하 'A회사 맵'이라고 함)를 제작하여 서비스를 제공하고 있다.

B회사는 인터넷 호텔예약 사이트를 통하여 국내외 호텔예약대행업을 영위하고 있다.

B회사의 호텔예약 사이트에 게시된 디지털 지도와 관련하여 12개 도시 가운데 서울, 오사카 등 6개 지도는 A회사 맵에서는 제공하지 않는 지도이고, 나머지 지도는 A회사 맵에서도 제공하고 있는 지도이다.

이에 B회사는 A회사 맵을 무단으로 복제하여 디지털 지도를 제작함으로써 A회사의 저작권을 침해했다는 이유로 기소되었다.

■ A회사 맵의 저작물성(X)

① 도시의 주요 관광지나 구조물만을 선택하여 지도에 표시하거나 전체 도시 가운데 주요 관광구역 내지 상업구역을 선택·구획하여 지도에 표시하는 방법 및 구조물 등을 실사에 이를 정도로 세밀하게 묘사하는 방식의 저작물성(X)

---

35) 대법원 2010. 4. 15. 선고 2009도14298 판결

이는 A회사 맵 서비스가 제공되기 이전 외국 디지털 지도에서 널리 사용되고 있던 것이고, 어떤 지역의 지도가 일반적인 평면적 지리 지도의 기반을 크게 벗어나지 않는 범위에서 특정 구역이나 주요 구조물을 취사선택하여 지도에 표시하는 것은 해당 지도의 용도와 목적에 따라 정해지는 것일 뿐 이를 들어 아이디어의 표현이라고 할 수 없다.

② 특정 구역이나 주요 구조물을 입체적인 형태로 부각하여 표시하는 방법의 저작물성(X)

아이디어에 불과하다.

③ 지도상에서 특정 구역이나 주요 구조물을 부각하여 표시하는 방법이나 주요 구조물을 입체적으로 표현하는 방법의 저작물성(X)

이는 창작성 있는 표현 방법이 될 수도 있지만, 이 사건에서 A회사 맵이 주요 구조물을 표현하는 방법은 구조물의 본래의 형상에 가깝게 입체적인 형태로 표시하되 지도의 목적에 단순화한 것일 뿐이어서 그와 같은 표현에 창작성이 있다고 보기 어렵다.

④ 특정 구역을 바라보는 시각이나 특정 구역을 부각시키는 방법의 저작물성(X)

창작성을 찾기 어렵다.

⑤ 소 결

A회사 맵의 창작성을 인정하기 부족하다.

평 석

특정 기호를 사용하기로 이미 약속된 지도의 경우에는 그러한 것을 누군가 먼저 사용했다고 해서 거기에 저작권이 부여될 수는 없는 것이다. 그리고 지도가 가지는 기능과 그 목적 등과 관련하여 그 표기 방식이나 방법은 아이디어에 불과하다. 따라서 지도와 관련해서는 결국 그와 같은 방식이나 방법에 따라 표현된 것이 기존의 것과 다른 창작성이 있는 경우에만 저작권법상 보호 대상이 되는 것이다. 이와 같이 지도의 경우에는 그것을 표현할 수 있는 내재적 한계 등으로 인해 창작성을 인정받기가 쉽지 않다.

. . . .

미술저작물 침해 사건에서는 이러한 아이디어와 표현의 이분론보다는 오히려 표현의 내재적 한계로 인한 아이디어와 표현의 합체론이 쟁점이 되는 경우가 더 일반적이라고 할 수 있는데, 이에 대해서는 바로 이어서 살펴보도록 하겠다.

6
누구나 그렇게
표현할 수밖에 없는 경우

저작권법에서는 저작물을 '인간의 사상이나 감정을 표현한 창작물'이라고 정의하고 있다(저작권법 제2조 제1호). 따라서 표현된 것이 아니거나 표현되어 있더라도 창작성이 없는 경우에는 저작물이 아니게 되고, 저작권 역시 발생하지 않게 된다.

아이디어가 창작성 여부와는 상관없이 '표현'된 것이 아니라는 이유로 저작권법적으로 보호받지 못하는 것과 반대로, 표현된 것인데도 보호받지 못하는 경우가 있다. 누구라도 그렇게 표현할 수밖에 없는 경우라면 이는 창작성이 있다고 할 수가 없기 때문이다. 이를 아이디어와 표현의 합체론이라고 한다.

특히 예술성의 표현보다는 기능적인 또는 실용적인 사상의 표현을 주된 목적으로 하는 기능적 저작물이 이러한 경우에 해당하는 경우가 많다. 기능적 저작물은 그 표현하고자 하는 기능 또는 실용적인 사상이 속하는 분야에서의 일반적인 표현 방법, 규격 또는 그 용도나 기능 자체, 저작물 이용자의 이해의 편의성 등에 의하여 그 표현이 제한되는 경우가 많기 때문에, 작성자의 창조적 개성이 드러나지 않을 가능성이 크고, 누구라도 그렇게 표현할 수밖에 없는 경우가 많다.[36]

아이디어와 표현의 합체론의 법리는, 창작 행위에 전형적으로 수반되는 것들에까지 저작권 보호를 통해 특정인에게 독점권을 부여하게 되면 장래에 다른 창작자가 창작을 할 기회를 박탈하게 되기 때문에 이러한 것은 만인의 공유(public domain)에 두는 것이 문화 창달이라는 저작권법의 목적에 부합하고, 또한 이러한 경우 대개는 그 침해를 주장하는 자가 그와 같은 표현을 최초로 창작하였다고도 볼 수 없는 사정 등에 그 논거를 두고 있다.

(1) 〈묵주 반지〉 사건

묵주 반지는 그것의 기원이나 종래부터 내려오는 형상 등에 비추어 볼 때, 누가 하더라도 그렇게 표현할 수밖에 없는 내재적 한계를 가지고 있다고 할 수 있다. 그러므로 이러한 묵주 반지의 원래적 특징에 대해서는 저작권이 발생한다고 할 수 없기 때문에, 기존의 묵주 반지 디자인과 비슷한 부분이 있다고 하더라도 그것이 묵주 반지가 가지는 전통적인 특성으로 인한 것이라면 이를 두고 저작권 침해라고 할 수는 없다.

---

36) 대법원 2009. 1. 30. 선고 2008도29 판결

〈묵주 반지〉 사건[37]

B는 A의 십자 무늬 묵주 반지(이하 '이 사건 십자무늬묵주반지' 라고 함)를 복제하여 판매함으로써 A의 저작권을 침해하였고, C는 A의 장미 계단 묵주 반지(이하 '이 사건 장미계단묵주반지' 라고 함)를 복제하여 판매함으로써 A의 저작권을 침해하였다.

이에 B와 C는 저작권법 위반으로 기소되었다.

■ A의 십자무늬묵주반지와 장미계단묵주반지(이하 '이 사건 각 묵주 반지' 라고 함)가 저작물에 해당하는지 여부(X)

이 사건 각 묵주 반지 자체는 일품 제작의 미술 공예품이 아니므로, B와 C가 저작권법 위반에 해당하기 위해서는 이 사건 각 묵주 반지 디자인이 A의 창작물로서 그 이용된 물품인 반지와 구분되어 독자성을 인정할 수 있는 응용미술저작물에 해당하여야 한다. 그리고 우리나라 저작권법이 '무방식주의'를 채택하고 있는 이상, 등록이 저작권의 발생과 직접적인 관계가 있는 것은 아니므로, 위 각 묵주 반지 디자인이 저작권법의 보호 대상인 응용미술저작물에 해당하는지 여부는 그 등록 여부에 상관없이 저작권법 규정에 따라 독자적으로 판단하여야 한다.

---

37) 서울중앙지방법원 2006. 2. 9. 선고 2005노3421 판결

저작권법등록부에 기재된 저작물의 내용을 살펴보면, 이 사건 십자무늬묵주반지의 경우에는 '반지 꼭지는 음각으로 조각된 라틴십자가 문양에 성혈(예수님이 흘린 거룩한 피)을 의미하는 붉은 색이 채색되어 있고, 반지 둘레는 아무런 무늬가 없는 민자'라고 되어 있고, 이 사건 장미계단묵주반지에 대해서는 '반지 꼭지는 음각으로 조각된 십자 모양에 성혈을 의미하는 붉은 색이 채색되어 있고, 반지 둘레는 장미꽃 문양이 일정한 간격으로 반입체적으로 조각되어 있으며, 장미꽃 문양의 사이사이가 계단식으로 홈이 패어 있다. 반지는 2겹으로 이루어져 있고 반지의 전체 틀은 고정되어 있으며, 안은 장미꽃 문양들을 묵주의 작은 구슬처럼 돌릴 수 있는 돌림반지'라고 되어 있다.

그러나 일반적으로 ① 묵주 반지는 둥근 반지 형태에 1개의 십자가와 10개의 묵주알이 돌출되어 있고, 돌출된 묵주알에는 일정한 문양이 새겨져 있거나 보석이 박혀 있고, ② 묵주 반지는 일단 묵주 반지(하나의 몸체로 구성되어 있는 일체형)와 돌림 묵주 반지(두 겹으로 이루어져 있고, 반지의 전체 틀은 고정되어 있으면서 십자가와 10개의 묵주알이 돌출되어 있는 가운데 부분을 돌릴 수 있는 분리형)로 분류할 수 있으며, ③ 십자가는 가장 대표적인 그리스도교의 상징들 가운데 하나로 그 문양이 전통적인 것이나 근대적인 것을 막론하고 모두 교회 내에서 보편적으로 사용되고 있으며, 묵주 반지에 돌출되어 있는 십자가 문양은 대개 성혈을 의미하는 붉은 색으로 채색되어 있고, ④ 우리나라에서는 묵주알을 세면서 기도한다는 뜻에서 '묵주 기도'라 하지만, 서양에서는 '장미꽃다발 또는 장미꽃밭(라틴어 Rosarium, 이탈리아어 Rosario, 영어 Rosary) 기도'라 하는 만큼, 묵주알 하나는 장미 한 송이를 의미하기 때문에 묵주 반지에는 장미꽃 문양이 보편적으로 사용되고 있으며, ⑤ 이 사건 장미계단 묵주반지의 묵주알에 새겨진 장미꽃 문양은 국내외에서 널리 판매되고 있는 묵주 반지에 새겨진 일반적인 장미꽃 문양과 별다른 차이가 없는 것으로 보인다.

그렇다면 이 사건 각 묵주 반지 디자인은 ① 기본적인 형상이나 모양, 구성 요소와 배치(묵주 반지인지 돌림 묵주 반지인지와 반지 가운데에 일정한 간격으로 1개의 십자가와 10개의 묵주알이 돌출되어 있는 것), ② 돌출되어 있는 십자가의 문양 및 색채, ③ 돌출되어 있는 10개의 묵주알의 형태 및 문양 그 어느 것 하나 A의 창작물로서 위 각 묵주 반지와 구분되어 독자성을 인정할 수 있는 것이라고 보기는 어렵다.

평 석

묵주 반지처럼 종래부터 내려오는 형상 등이 이미 존재하고 있고, 그것이 가지는 기원적 의미로 인해 그 디자인에 일정한 형상이 전형적으로 수반되는 경우라면 이는 누가 하더라도 그렇게 표현할 수밖에는 없을 것이다.

그런데 이러한 디자인을 누군가 먼저 했다는 이유만으로 그에게 저작권을 부여한다면 그 이후 디자인을 하는 사람은 항상 먼저 디자인을 한 사람의 저작권을 침해하게 되는 불합리한 상황이 발생하게 된다.

그러므로 이러한 경우에는 어떤 누구도 그에 관한 저작권을 가지지 못하게 함으로써 모든 사람들이 자유롭게 그 디자인을 사용할 수 있도록 하는 것이 바람직하다. 이러한 점에서 묵주 반지처럼 그 표현에 내재적 한계가 있는 경우에는 그 한계 내에서는 그것이 기존의 것과 아무리 유사하더라도 이를 저작권 침해라고 볼 수 없다.

(2) 〈무신도〉 사건

무신도는 종교적인 색채가 강하여 기존에 내려오던 틀이 잘 변화되지 않고, 대체로 이전에 존재하던 무신도를 참조하는 경우가 일반적이기 때문에 인물의 구도 및 배치, 윤곽 등의 요소는 대체로 비슷하다. 그렇다면 무신도는 누가 그리더라도 그렇게 밖에 표현할 수 없는 것인지 아니면 그리는 사람에 따라 이전 무신도와는 구별되는 독자적인 감정표현이 가능한지가 문제 될 수 있다. 이와 관련하여 무신도가 저작권법상 보호받을 수 있는 저작물에 해당하는지가 쟁점이 된 사건을 소개해 보고자 한다.

〈무신도〉 사건[38]

A는 무신도(이하 'A 제작 무신도'라고 함)를 제작하여 저작권 등록을 하였다.

B는 A의 무신도와 동일 또는 실질적으로 비슷한 무신도를 제작하여 판매하고 있다.

이에 A는 B에게 B의 위와 같은 행위는 자신의 저작권을 침해하는 행위라면서 항의했다.

B는, 무신도는 등장하는 인물의 자세 및 숫자, 기물, 배경 등이 관행적으로 정해져 있고 종교적 제의에 사용되는 도구이기 때문에 작가 개인의 독창적 창작물이 아니라고 주장하면서, A를 상대로 A 제작 무신도에 관한 저작권부존재 확인 소송을 제기하였다.

■ A 제작 무신도가 저작권법에 의해 보호되는 저작물에 해당하는지 여부(O)

① 무신도는 기원이 불분명하고 대체로 이전 무신도를 참조하여 그려진다고 하더라도 그리는 사람에 따라 이전 무신도에서 필수적인 요소를 제외한 나머지 요소는 적당한 범위 내에서 변형 가능하다고 할 것인데, 그러한 부분이 무신도에서 차지하는 비중이 적지 않아 기존 무신도들도 같은 그림이라 보기 어려운 것이 많다.

---

38) 서울중앙지방법원 2016. 5. 20. 선고 2016가합504211 판결

② A 제작 무신도와 기존 무신도에는 서로 다른 인물 등이 존재하고 양자의 인물 등 숫자도 완전히 일치하는 것은 아닐 뿐만 아니라, 공통으로 존재하는 인물 등도 구체적인 생김새나 장식, 의복, 표정 등과 같은 세부적인 묘사는 육안으로도 쉽게 확인할 수 있을 만큼 분명한 차이가 있으므로, A 제작 무신도는 기존 무신도 등 이전에 존재하던 무신도에서 각 필수적인 요소는 그대로 두면서도 그 외에 변형 가능한 요소는 A 나름대로 변형하여 전체적인 그림의 느낌이 다르게 제작한 것으로 보인다.

위와 같은 사정을 종합하면, A 제작 무신도에는 A 나름의 정신적 노력의 소산으로 볼 수 있는 특성이 부여되어 있고, 다른 저작자의 이전 무신도와는 구별할 요소를 갖추어 A 자신의 독자적인 감정을 표현한 것으로 볼 수 있으므로, A 제작 무신도는 저작권법에 의하여 보호되는 저작물에 해당한다고 본다.

평 석

무신도는 그 기원을 정확히 알 수는 없지만 예로부터 전해져 내려오는 표현 기법들이 정해져 있고, 지금도 그에 따라 그려지고 있다. 따라서 무신도의 전체적인 틀 즉, 등장인물·동물·사물의 숫자, 인물 등의 행동은 거의 비슷하다고 할 수 있다. 그러나 이러한 것들은 그림의 소재에 해당하는 것으로써 아이디어에 불과한 것이므로 그것이 비슷하다는 것만으로는 저작권 침해가 되지는 않는다. 그러나 이러한 소재의 수준을 넘어서 해당 소재의 구체적인 표현은 그것이 기존의 것과 동일하지 않다면 저작권법에 의해 보호를 받을 수 있는 여지가 있게 된다. 따라서 무신도라고 하더라도 그 것이 기존의 것과 구별되는 특성을 가지고 있고 거기에 저작자의 개성과 창작성이 녹아져 있다면 이는 저작권법에 의해 보호를 받을 수 있는 미술저작물이 될 수 있다.

(3) 〈착시 미술품〉 사건

미술 전시품의 전체적인 형태와 모양, 이미지, 주제 내지 내용, 표현 기법은 일종의 아이디어에 불과하여 저작권의 보호 대상이 되지 않는다. 그리고 예술성의 표현보다는 기능적인 표현을 주된 목적으로 하는 미술품의 경우는 그 표현의 제약이 있을 수밖에 없기 때문에, 누가 하더라도 같거나 비슷할 수밖에 없는 표현, 즉, 저작물 작성자의 창조적 개성이 드러나지 않는 표현을 담고 있는 것은 창작성이 없기 때문에 이 또한 저작권법상 보호받을 수 없게 된다.

이와 관련하여 관람객들의 착시 현상 체험을 주된 목적으로 하는 체험형 착시 미술품이 미술저작물로서 보호받을 수 있는지 여부에 대해 살펴보도록 하겠다.

A회사는 박물관 및 미술관 경영업, 공연 및 전시사업 등을 목적으로 하는 회사로서, A회사가 운영하는 전시관에서 원근법, 음영법 등 과학적인 화법과 투명도가 높은 특수도료를 사용하여 평면의 그림을 입체적으로 느껴지도록 그려 관람객들이 전시관에서 착시 미술을 직접 체험하게 하는 미술품들(이하 'A회사 전시품들' 이라 함)을 상설 전시하고 있다.

B회사는 박물관, 미술과 기타 문화관련 전시관 운영업 등을 목적으로 한 회사로서, B회사가 운영하는 전시관에서 체험형 착시 미술품들(이하 'B회사 전시품들' 이라 함)을 전시하고 있다.

이에 A회사는 B회사가 A회사 전시품들과 실질적으로 비슷한 B회사 전시품들을 제작·전시하여 A회사의 저작권을 침해하고 있다는 이유로, B회사를 상대로 B회사 전시품들에 대한 전시·홍보 금지 및 폐기와 저작권 침해에 따른 손해배상 청구 소송을 제기하였다.

■ A회사 전시품들의 저작물성 여부(X)

A회사 전시품들은 A회사가 체험형 착시 미술품 전시회의 취지에 따라 관람객이 실제로 그림과 일체가 되는 듯한 장

---

39) 서울서부지방법원 2013. 8. 16. 선고 2012가합5803 판결

면을 연출할 수 있도록 독자적으로 제작하거나 명화와 같이 널리 알려진 유명 작품, 대중적인 미술용품 등의 원저작물을 변형 또는 모티브로 하여 제작한 착시 미술품으로, B회사 전시품들이 그와 대비되는 A회사 전시품들과 각각의 전체적인 형태와 모양, 이미지, 주제 내지 내용, 표현 기법 면에서 비슷한 사실이 인정된다.

그러나 그와 같은 전체적인 형태와 모양, 이미지, 주제 내지 내용, 표현 기법은 일종의 아이디어에 불과하여 저작권의 보호 대상이 되지 않을 뿐더러, 체험형 착시 미술품은 예술성의 표현보다는 관람객들의 착시 현상 체험을 위한 표현을 주된 목적으로 하는 기능적 저작물로서 표현의 제약이 있을 수밖에 없다.

이러한 사정을 고려하면, A회사 전시품 가운데 일부 미술품들은 누가 하더라도 같거나 비슷할 수밖에 없는 표현, 즉 저작물 작성자의 창조적 개성이 드러나지 않는 표현을 담고 있는 것으로서 창작성이 없고, 나머지 A회사 전시품들은 그와 대비되는 B회사 전시품들이 소재의 선택 또는 배열, 구도, 방향, 형상, 색감, 입체감의 요소 등에 있어 저작자 나름의 정신적 노력의 소산으로서의 특성이 부여되어 A회사 전시품들과 구별될 수 있을 정도에 이르러 있으므로 그와 실질적으로 비슷하다고 볼 수 없다.

트롱프뢰유(trompe-l'oeil)란 세밀한 묘사로 실제의 것을 보는 듯한 착각을 주는 기법의 눈속임 그림을 가리키는 미술 용어이다. 이러한 미술적인 표현 기법은 아이디어에 해당하기 때문에 저작권법상 보호받을 수 있는 저작물에 해당하지 않는다. 따라서 이러한 표현 기법의 유사성만으로는 저작권 침해가 되지 않는다.

예컨대 갑이 위와 같은 표현 기법을 사용하여 기존 유명 작품 등을 변형하거나 모티브로 제작한 작품을 만들었고, 을이 이와 동일·비슷한 작품을 만들었다고 하더라도, 갑의 작품 가운데 표현된 것이라고 할 수 있는 부분은 기존 유명 작품과 관련된 것이고, 그 표현 기법은 아이디어에 해당하기 때문에, 을은 갑의 작품 가운데 갑의 창작적인 표현을 베낀 것은 아니어서 이를 두고 저작권 침해라고 할 수는 없는 것이다.

7
종래 표현이거나
통상적인 표현인 경우

저작권법에 의하여 보호되는 저작물의 요건으로서의 창작성
이란 완전한 의미의 독창성을 말하는 것이 아니라, 남의 것
을 단순히 모방한 것이 아니고 작자 자신의 독자적인 사상
또는 감정의 표현을 담고 있음을 의미하는 것이어서 이러한
요건을 충족하기 위해서는 저작물에 그 저작자 나름대로 정
신적 노력의 소산으로서의 특성이 부여되어 있고 다른 저작
자의 기존의 작품과 구별할 수 있을 정도면 충분하다.[40]

이러한 점에서 볼 때, 저작권 침해 주장자의 침해 부분이 이
미 종래부터 존재했던 표현이라면, 타인이 그러한 부분을 무
단으로 사용하였다고 해서 이를 저작권 침해라고 볼 수는
없는 것이다. 마찬가지로 특정 미술의 전부 또는 일부가 종
래부터 있었던 표현이라면 그 부분은 그 미술 저작권자의
저작물이 아니라 종래에 그 표현을 했던 사람의 저작물이
될 것이다. 물론 이는 그 종래의 표현이 창작성이 있는 경우
를 전제로 한다.

---

40) 대법원 2005. 1. 27. 선고 2002도965 판결

그리고 어떤 표현이 우리가 일상적으로 사용하는 표현이라면 이는 통상 종래에도 그런 표현과 동일·비슷한 표현이 존재할 가능성이 거의 확실하다고 볼 수 있고, 일상적인 표현이라는 것은 누구나 통상적으로 사용할 수 있는 것이므로 여기에 창작성이 있다고 보기는 어려울 것이다.

이와 같이 종래 표현이나 통상적인 표현은 비록 그것이 표현된 것이라 하더라도 창작성이 있다고 보기는 어렵기 때문에 저작물로 인정받을 수가 없는 것이다. 따라서 미술과 관련된 저작권 침해 사건에서 상대방은 앞서 본 응용미술저작물성 여부, 아이디어와 표현의 이분론 및 아이디어와 표현의 합체론 등 침해 주장자의 작품의 저작물성을 부인할 수 있는 모든 논리를 다 동원했는데도 이를 쉽사리 깰 수 없는 경우에는 침해 주장자가 침해당했다고 주장하는 부분이 종래에 이미 존재한 것은 아닌지 또는 일상적이고 통상적으로 쓰이는 표현은 아닌지 여부를 반드시 확인할 필요가 있다.

(1) 〈비둘기 풍선〉 사건

〈비둘기 풍선〉 사건은 저작권 침해 주장자의 디자인이 기존에 이미 존재했다는 이유로 그 창작성이 부인된 사례다. 이 사건에서는 디자인권 침해 여부도 문제되었는데, 침해 주장자의 등록 디자인과 기존에 국외에서 공지된 디자인이 그 전체적인 심미감이 비슷하다는 이유로 디자인권 침해 역시 인정되지 않았다.

〈비둘기 풍선〉 사건[41]

A회사는 C회사로부터 비둘기 풍선에 관한 저작권을 양수하여 한국저작권위원회에 이전등록하였다. 그런데 B회사는 A회사가 저작권을 양수한 위 비둘기 풍선(이하 'A회사 비둘기 풍선'이라고 함)과 동일한 모양의 비둘기 풍선을 만들어서 판매하고 있었다. 이에 A회사는 B회사를 상대로 저작권 침해 등을 이유로 한 제조 및 판매금지 가처분을 신청하였다.

■ A회사 비둘기 풍선이 저작물에 해당하는지 여부(X)

A회사는 비교대상디자인(A회사 비둘기 풍선에 관한 저작권 등록 이전에 일본에서 디자인권 등록된 비둘기 풍선 디자인)의 디자인권자인 일본 회사와 기술 지원 및 종이풍선 제품을 공급 받기로 하는 내용의 계약을 체결하였다. 이러한 사정 등에 비추어 볼 때, A회사는 A회사 비둘기 풍선을 제작하기 전에 비교대상디자인을 접하였다고 봄이 상당하다.

그리고 A회사 비둘기 풍선은 비교대상디자인에 나타난 제품과 그 구별이 어려울 정도로 외관이 비슷하고, 여기에 A회사가 비교대상디자인과 다른 새로운 창작성이 부여되어 있

---

41) 서울중앙지방법원 2014. 4. 9. 선고 2013카합2119 판결

다고 보기는 어렵다. 따라서 A회사 제품이 저작권법에 의하여 보호되는 저작물이라는 점에 대한 소명이 부족하다.

평석 ━━━━━━━━━━━━━━━━━━━━━━━━━

이 사건은 비둘기 풍선에 관한 저작권 침해 등이 문제된 사안이었다. A회사 비둘기 풍선과 동일한 비둘기 풍선을 제작하여 판매하고 있는 B회사의 입장에서는 A회사에 대한 저작권 침해가 되지 않기 위해서 A회사 비둘기 풍선이 A회사의 저작물이 아니라는 점을 입증해야만 했다. 이와 관련하여 B회사는 A회사 비둘기 풍선과 거의 비슷한 비둘기 풍선이 일본에서 이미 디자인권으로 등록되어 있었고, 그 디자인권을 가진 일본 회사와 A회사가 비둘기 풍선 공급에 관한 계약을 체결하였다는 점을 입증하였고, 이에 따라 결국 A회사 비둘기 풍선은 A회사가 창작한 것이 아니라는 점이 판명되었다. 그렇다면 A회사 비둘기 풍선은 A회사의 저작물이 아니기 때문에 B회사는 A회사의 저작권을 침해한 것은 아니게 되었다.

이 사건에서의 핵심은 A회사 비둘기 풍선과 동일 또는 거의 비슷한 종래의 비둘기 풍선을 찾는 것이었다. 만일 B회사가 일본 회사의 비둘기 풍선 디자인을 찾아내지 못했다면 이 사건에서 A회사의 가처분 신청은 받아들여졌을 가능성이 상당히 높다. 이처럼 저작권 침해 사건에서 저작권 침해 주장자의 저작물이라고 주장되는 것과 동일하거나 거의 비숫한 것이 종래부터 이미 존재하고 있었다는 점에 대한 입증 여부는 그 저작권 침해 사건의 승패를 판가름하는 중요한 부분이다.

(2) 〈피에로 디자인〉 사건

저작권법은 별도의 등록 절차 없이도 물품의 종류, 크기 등에 상관없이 실질적으로 비슷한 모든 형태의 디자인에 대하여 권리의 범위를 인정하고 있다. 보호 기간도 저작자가 생존하는 동안과 사후 70년 동안 존재하며, 경쟁 사업뿐만 아니라 일반 공중 모두에게 그 권리를 주장할 수 있다. 또한 저작인격권까지 주장 가능하고 저작권 침해 행위에 대하여는 형사처분도 이루어진다.

그러나 오래전부터 존재하고 있던 특정 이미지를 상업적인 목적으로 제작한 것에 대하여 아무런 등록 절차 없이 위와 같은 저작권법상의 여러 강력한 보호를 준다는 것은 적절하지 않다고 할 수 있다. 따라서 디자인의 경우는 위와 같은 저작권법상의 보호를 받을 만큼 특별한 독자적 실체 등이 인정되어야 한다고 봄이 상당하다.

〈피에로 디자인〉 사건[42]

A회사는 기존에 전자제품 양판점 등의 앞에서 사람들의 주의를 끌기 위하여 설치되는 공기 주입 광고용 조형물이 그 형태가 단순하고 입체감이 없다는 한계를 인식하고, 새로운 형태의 공기 주입 광고용 조형물 제작에 착수하여 피에로 디자인을 완성했다 (이하 'A회사 피에로 디자인' 이라고 함).

A회사 피에로 디자인은 머리에 중절모를 착용하고 있는 점, 눈 주변은 둥근 원으로 하여 그 안에 눈이 별과 같이 표현되어 눈동자를 감싸는 형태로 되어 있는 점, 상의는 역 V자 형상으로 앞부분이 벨트가 보이도록 하여 올라가 있는 등 전체적으로 마치 연미복을 착용하고 있는 것처럼 보이는 점, 목 부위에 나비넥타이를 착용하고 있는 점, 벙어리장갑 형태의 왼손을 위를 향해 들고 있는 점 등의 특징이 있다.

A회사의 피에로 디자인으로 제작·판매된 공기 주입 광고용 조형물들은 마트나 행사장 등에서 사용되었다.

그런데 B회사가 A회사 피에로 디자인과 비슷한 피에로 디자인 형상의 광고용 조형물(이하 'B회사 제품' 이라 함)을 제작하여 판매하였다.

이에 A회사는 B회사를 상대로 저작권 침해에 따른 손해배상 등 청구 소송을 제기하였다.

---

42) 서울중앙지방법원 2014. 10. 24. 선고 2013카합51327 판결

■ A회사 피에로 디자인이 응용미술저작물에 해당하는지 여부(X)

피에로는 이미 이전부터 존재하던 것이고, A회사 피에로 디자인이 가지고 있는 여러 특징 역시 A회사가 처음 창조해낸 것이라고 할 수는 없다. 특히 중절모, 눈 부위의 화장 등은 흔히 피에로에게서 쉽게 연상되는 특징들이다. 이와 같이 A회사 피에로 디자인은 이미 오래전부터 존재하고 있던 피에로 이미지를 상업적인 목적으로 광고용 조형물 형태로 제작한 것인데, 여기에 아무런 등록 절차도 없이 저작권법상의 여러 강력한 보호를 주는 것은 적절하지 않고, 그와 같은 보호를 줄만큼 A회사의 피에로 디자인에 특별한 독자적 실체 등이 인정된다고 할 수도 없다.

따라서 A회사 피에로 디자인은 저작권법상 응용미술저작물에 해당한다고 볼 수 없다.

평석

종래부터 존재하던 피에로의 특징들은 아이디어에 해당하고, 또한 남녀노소 모두가 친근감을 느낄 수 있는 피에로 디자인을 광고용 조형물로 사용하는 것 자체도 아이디어에 해당한다. 그렇다면 이러한 점들을 제외한 나머지 구체적인 디자인들은 누가 하더라도 그렇게 밖에 표현할 수 없는 것이거나 종래에 이미 존재한 것이 아닌 한 그것의 저작물성을 쉽게 부정해서는 안 된다고 생각된다.

물론 그것이 응용미술에 해당한다면 그 이용된 광고용 조형물과 구분되는 독자성 여부를 판단하여야 하겠지만, 피에로라는 디자인은 광고용 조형물과 분리하여 다른 실용품에도 적용될 수 있는 디자인이라고 볼 여지도 있는 것이므로, A회사 피에로 디자인을 애초에 응용미술저작물이 아닌 것으로 보기보다는, 응용미술저작물성을 인정한 후, B회사의 제품과 비교하는 과정에서 그것의 실질적 유사성을 부정하는 것이 보다 합리적인 판단이 아닌가 생각된다.

(3) 〈에비수 형상의 도형 등〉 사건

상표 도안의 경우라고 해서 그 모두가 저작권법상 저작물로 인정되는 것은 아니다. 왜냐하면 상표는 상품에 심미감을 부가하는 요소로 사용되거나 식별력을 위한 표지로 사용되는 것이어서 반드시 그 내용에 창작적인 표현이 포함되어 있을 필요가 없기 때문이다. 따라서 등록상표 도안의 저작권 침해 여부는 등록상표가 상표법상 보호되는 상표인지 여부와는 무관하게 저작권법상 저작물에 해당하는지, 상대방 도안이 등록상표 도안에 의거해서 만들어졌는지 및 등록상표 도안과 상대방 도안이 실질적으로 비슷한지 여부 즉, 일반적인 저작권 침해 판단 기준과 동일하게 판단해야 하는 것이다.

이와 관련해서 일본 전통신인 에비수 형상의 도안과 갈매기 문양의 도형 등과 비슷한 형상의 도안 사용이 저작권법상 저작권 침해에 해당하는지 여부에 관해 살펴보도록 하겠다.

〈에비수 형상의 도형 등〉 사건[43]

A회사의 대표이사 A1은 에비수 형상의 도형과 갈매기 문양 비슷한 도형 등 여러 개의 도형들을 공표하고 이것들과 매우 비슷한 도형을 표기한 청바지 등의 의류를 생산하여 판매하였다.

B회사는 골프웨어를 생산하여 판매하면서 개최한 패션쇼의 무대 배경 설치물에 A회사의 도형들과 비슷한 도형을 게시하였고, 카탈로그에도 게재하였다.

C회사는 청바지 등 의류에 A회사의 도형들과 비슷한 도형을 그려 넣거나, 청바지 뒷면에 M 형태의 도형을 그려 넣은 청바지를 생산하여 판매하였다.

이에 A1과 A회사는 B회사 및 C회사를 상대로 저작권 침해에 따른 손해배상 등 청구 소송을 제기하였다.

■ A회사의 의 저작물성 여부(X)

이 도형은 하나의 선으로 이루어진 도형으로서, 선의 왼쪽과 오른쪽에 각각 돌출부(산봉우리처럼 볼록하게 튀어나온 부분)가 형성되어 있고, 왼쪽 돌출부가 오른쪽 돌출부보다 위로 더 볼록하게 솟아 있어 도형의 왼쪽과 오른쪽이 비대칭을 이루고 있다.

---

43) 서울고등법원 2010. 8. 26. 선고 2009나122304 판결

그러나 이 도형은 왼쪽 돌출부와 오른쪽 돌출부의 높이 차이나 선의 양끝이 구부러진 정도 등에 따라 다양한 형태로 변형될 수 있다.

A1은 일본에서 이것과 비슷한 도형에 관하여 상표권을 등록하였는데 당시 상표로 등록된 도형은 이것에 비하여 오른쪽 돌출부가 위로 솟아 있는 형태였고, A1이 청바지를 생산하면서 청바지의 뒷주머니에 그려 넣은 도형도 이것보다는 오른쪽 돌출부가 위로 더 솟아 있는 모양이다.

이와 같이 돌출부 간의 높이 차이에 정형화된 비율이 있는 것도 아니고, 이 도형 자체만으로는 굴곡부를 가진 하나의 선으로 이루어진 다른 도형들과 구별되는 고유한 의미가 담겨 있다고 보기도 어려우므로 창작성이 인정된다고 볼 수는 없다.

하나의 선으로 이루어진 단순한 이 도형은 주로 청바지의 뒷주머니와 의류 내부에 부착되어 있는 브랜드 명을 표기하는 라벨지에 함께 표기되어 A회사가 생산하는 청바지 등의 의류에 심미감을 부가하는 요소로 사용되거나 식별력을 위한 표지로 사용된 것으로 보이므로, 이 도형에 대한 보호는 오히려 상표나 디자인의 영역으로 보인다.

■ A회사의 🐲의 저작물성 여부(X)

이 도형은 일본의 전통신인 에비수의 형상 밑에 에비수의 영어철자인 EVIS를 결합한 것인데, 에비수신의 형상 부분은 A1이 창작하기 이전부터 일본 오사카에 위치한 이마미야 에비수 신사의 축제나 그 홍보물 등에서 널리 사용되는 에비수신의 형상과 실질적으로 동일하고, EVIS는 영어 철자에 불과하므로, 위 도형은 저작권법에 의한 보호를 받을 가치가 있는 정도의 창작성이 있는 저작물이라 할 수 없다.

■ A회사의 🩳의 저작물성 여부(X)

이것은 청바지 뒷면의 엉덩이 부분에서 무릎 부분까지 M과 비슷한 형태의 도형을 삽입한 형태로서 응용미술저작물의 일종이라 할 수 있다. 이 바지에서 M과 비슷한 형태를 제외한 나머지 부분은 청바지 자체로서 이 도형은 그 이용된 물품인 청바지와 구분되어 독자성을 인정할 수 없고, 이 도형에서 물품인 청바지와 구분되어 독자성을 인정할 수 있는 M과 비슷한 형태 부분은 저작권법에 의한 보호를 받을 가치가 있는 정도의 창작성을 인정하기 어렵다.

A회사의 에비수 도형은 기존 신사 축제 등에서 공표된 일본 전통신의 형상과 실질적으로 비슷하기 때문에, 종래부터 존재한 표현으로 창작성을 인정할 수 없다.

A회사의 갈매기 모양 도안은 그 자체가 정형화되어 있지 않은데, 이러한 상황에서 갈매기 모양의 도안에 대한 저작권을 A회사에게 부여한다면 그 누구도 A회사의 위 도안과 비슷한 갈매기 모양의 도안을 그릴 수 없게 된다. 설령 위 도안이 정형화되어 있었다 해도 저작권법상 저작물이 되기 위해서는 최소한의 창작성이 요구되는데 위 도안만으로는 창작성이 있다고 보기 어렵기 때문에 위 도안과 비슷한 갈매기 모양의 도안을 그렸다고 해서 이를 두고 저작권 침해라고 할 수는 없다.

A회사의 M 형태의 도안은 응용미술에 해당하는데, M 형태를 제외한 나머지 부분은 그 형상이 청바지인 점을 감안할 때 이 디자인을 다른 실용품에 적용해서 사용하기는 어렵기 때문에 그 독자성을 인정할 수 없고, M 형태의 도형 부분은 독자성은 인정할 수 있지만 창작성을 인정하기 어려우므로, 저작권법상 보호되는 저작물로 볼 수 없다.

따라서 A회사의 위 도형들과 관련된 저작권 침해 부분은 그 어떤 것도 저작물로 인정될 수가 없는 것이다.

│8│
2차적저작물성
여부

저작권 침해 사건에서 어떤 저작물이 다른 저작물의 복제물에 해당하는지 아니면 2차적저작물에 해당하는지 또는 독립저작물에 해당하는지에 따라 저작권 침해 여부와 침해되는 저작권의 종류가 달라진다. 따라서 미술저작물과 관련된 저작권 침해 사건에서도 침해 저작물이 피침해 저작물과의 관계에서 어떤 저작물에 해당하는지를 먼저 파악해야 한다.

복제물은 기존 저작물을 원형 그대로 복제하거나 약간의 수정·증감·변경이 가해지긴 했지만 새로운 창작성이 더해지지 않은 것을 말한다. 이에 비해 2차적저작물은 번역·편곡·변형·각색·영상제작 그 밖의 방법으로 작성한 창작물로서 기존 저작물과 실질적 유사성(그 표현상의 본질적 동일성)을 유지하면서 구체적인 표현에 수정·증감·변경 등을 가하여 새롭게 사상 또는 감정을 창작적으로 표현(실질적 개변)함으로써 이를 접하는 사람이 기존의 저작물이 갖고 있는 표현상의 본질적인 특징을 직접 느껴서 알 수 있는 것을 말하고, 이는 원저작물과는 별개로 독자적인 저작물로 보호된다.

즉, 원저작물 저작권자의 허락 없이 2차적저작물을 창작한 경우에 2차적저작물작성권 침해는 변론으로 하더라도, 그 2차적저작물 자체에 대한 독자적인 저작권이 발생하게 되므로, 원저작물 저작권자의 2차적저작물작성권 침해와 그 2차적저작물 자체의 저작권은 전혀 별개의 문제인 것이다.

한편, 일반인들이 2차적저작물과 관련하여 흔히 오해하는 부분이 또 있다. 예컨대, A라는 저작물을 디지털화한 경우, 일반인들은 그 디지털화된 것을 A저작물의 2차적저작물로 생각하는 경우가 많다. 그러나 위에서 언급한 바와 같이, 2차적저작물은 원저작물을 변경하여 거기에 새로운 창작성이 더해져야만 하는 것인데, 단순히 A저작물을 디지털화했다고 해서 A저작물의 내용에 새로운 창작성이 부가된 것은 아니므로 디지털화된 것은 A저작물의 단순한 복제물에 불과할 뿐 이를 2차적저작물로 볼 수는 없는 것이다.

반면, 어떤 저작물이 기존 저작물을 조금 이용하였더라도 기존 저작물을 추지할 수 없을 정도로 환골탈태하여 양 저작물 사이에 실질적 유사성이 없는 것은 독립저작물이라고 한다. 따라서 어떤 저작물이 다른 저작물의 복제물에 해당하는 경우에는 복제권을 침해하는 것이고, 2차적저작물에 해당하는 경우에는 2차적저작물작성권을 침해하는 것이 되지만, 독립저작물에 해당하는 경우에는 원칙적으로 저작권 침해 문제가 발생하지 않게 된다.

〈원본 이미지 실루엣〉 사건[44]

A는 가방, 지갑, 파우치, 보석류, 액세서리 등에 사용되는 일러스트레이션 이미지를 제작하는 사람이고, B회사는 액세서리 제조업 등을 영위하는 회사이다.

A는 거리에서 개를 산책시키는 여성을 형상화한 일러스트레이션(이하 '제1 이미지'라고 함)을 제작하였다. 그 후 제1 이미지 중 일부를 추출하여 무채색으로 보정하고(이하 '실루엣 처리'라고 함) 크기를 축소한 실루엣 이미지(이하 '제2 이미지'라고 함)를 제작하여 자신의 홈페이지에 게재하였다. A는 C회사가 운영하는 싸이월드 홈페이지에서 제1, 2 이미지가 포함된 디지털 아이템을 판매하는 내용의 계약을 체결하고 디지털 아이템을 판매하였다.

B회사는 실루엣 이미지(이하 'B회사 이미지'라고 함)에 REDEYE라는 문자가 병기된 상표를 상표등록하고, 자신이 운영하는 홈페이지에 B회사 이미지 또는 B회사 상표(실제로는 B회사 상표를 약간 변형하여 B회사 상표의 문자 부분 상단에 B회사 이미지를 배치하였음)를 게재하였다. 또한 B회사는 B회사 이미지 또는 B회사 상표를 조형물로 제작하여 B회사의 오프라인 매장의 간판 및 장식 등으로 전시하였고, B회사가 제작한 액세서리 제품이나 그 포장용기(쇼핑백 등) 등에 표시하여 오프라인 매장에서 판매하거나 위 홈페이지에 게재하여 판매하였다.

이에 A는 B회사가 A의 이미지들과 실질적으로 비슷한 B회사 이미지를 무단으로 제작하고 사용함으로써 A의 저작권을 침해했다는 이유로 손해배상 등 청구 소송을 제기하였다.

■ 제1, 2 이미지의 저작물성 여부

① 제1 이미지의 저작물성(O)

제1 이미지는 현대적인 여성의 세련되고 도도한 이미지를 느낄 수 있도록 약간 과장된 형태로 여성의 윤곽선을 그리고 따뜻하고 대비감이 큰 색채와 명암을 사용하여 심미감을 일으키는 등 저작자인 A 나름의 표현 방법으로 개성 있게 도안한 것으로서, A의 정신적 노력의 소산으로서의 특성이 부여되어 있는 미술저작물에 해당한다고 봄이 상당하다.

② 제2 이미지의 저작물성(X)

 제2 이미지는 검은색으로만 이루어져 제1 이미지와 그 색채나 명암의 면에서는 차이가 있지만, A가 포토샵이나 어도비 일러스트레이터 등의 컴퓨터 프로그램을 이용하여 제1 이미지로부터 그 외형을 추출하고 색채를 무채색으로 보정하는 실루엣 처리작업을 통하여 제2 이미지를 제작한 과정을 볼 때, 실루엣 처리 작업만으로 손쉽게 제작될 수 있고, 누가 해도 비슷하게 제작될 수밖에 없으므로 제2 이미지는 제1 이미지와는 다른 별개의 저작물이거나 제1 이미지에 대한 실질적인 개변이 있는 2차적저작물에 해당한다고 볼 수 없다.

---

44) 서울중앙지방법원 2013. 4. 18. 선고 2012가합521324 판결

■ 제1 이미지와 B회사 이미지의 실질적 유사성 여부(O)

그 색채나 명암에 있어서 제1 이미지는 다양한 색상을 사용하고 광원의 방향에 따라 명암이 표현되어 있는 반면, B회사 이미지는 무채색으로 이루어져 있고 명암도 표현되어 있지 않다는 차이가 있다.

그러나 그 외형의 윤곽선에 있어서 양자는 ① 여성의 앞에서 걸어가는 개의 다리가 휘어져 있는 모양, 다리의 배치, 꼬리의 모양, 얼굴의 형상 등이 동일하고, ② 뒤에서 걸어가는 여성의 모자 모양, 흩날리는 머리카락의 갈래, 목줄을 잡고 있는 오른손의 모양, 치마의 주름으로 인한 굴곡의 형상, 과장되게 가늘게 그린 손목과 발목의 형상이 동일하며, ③ 개와 여성의 위치, 목줄의 형상 등 전체적인 구도도 거의 동일하되, ④ 다만, 그 가로·세로의 비율만이 B회사 이미지는 제1 이미지에 비하여 가로로 약간 더 넓다는 것을 알 수 있다.

그러므로 제1 이미지와 B회사 이미지는 그 색상과 명암에 약간의 차이가 있지만 외형의 윤곽선이 동일하고 가로·세로의 비율만 달리하여 작성된 것으로서, 실질적으로 비슷하다고 봄이 상당하다. 게다가 B회사 이미지는 사실상 제2 이미지와 동일한 이미지로서, 제2 이미지는 제1 이미지에 대한 실질적인 개변도 없으므로, B회사 이미지 역시 제1 이미지에 대한 실질적인 개변이 있는 2차적저작물에 해당한다고 볼 수도 없다.

A는 B회사가 제1 이미지와 제2 이미지에 대한 A의 저작권을 각각 침해했다고 주장했지만, 법원은 제2 이미지는 제1 이미지의 2차적저작물도 아니고 별개의 저작물도 아닌 단지 제1 이미지를 단순화한 것에 불과하다는 이유로 결국 제1 이미지의 저작권 침해 여부만을 판단하였다.

즉, 제1 이미지와 제2 이미지를 비교해 봤을 때, 제1 이미지를 기초로 한 제2 이미지에는 새로운 창작성이 가미되어 있지 않다는 것이고, 그렇다면 결국 제2 이미지는 제1 이미지의 사소한 변형물로서 제1 이미지의 복제물에 불과하다는 것이다. 따라서 A는 제1 이미지와는 별개로 제2 이미지에 대해서는 저작권을 가지지 못하는 것이다. 그래서 법원도 제2 이미지에 관한 저작권 침해 여부에 대해서는 따로 판단하지 않았다.

이에 따라 이 사건이 저작권 침해에 해당하는지 여부를 판단하는 비교 대상은 A의 제1 이미지와 B회사의 이미지가 되는 것이다. 그런데 B회사의 이미지는 앞서 본 제2 이미지와 거의 동일한 것으로 판단되므로, 결국 B회사의 이미지도 제1 이미지의 복제물에 해당하게 된다. 따라서 이 사건에서 B회사는 A의 제1 이미지의 복제물에 해당하는 B회사 이미지를 무단으로 사용함으로써 A의 저작권을 침해한 것으로 인정되었다.

PART

04

미술저작물의
저작(권)자와
그 이용

들어가며

저작자는 저작물을 창작한 자를 말한다(저작권법 제2조 제2호). 따라서 미술저작물의 경우도 해당 미술저작물을 실제로 창작한 자가 그 미술저작물의 저작자가 된다. 앞에서 저작자와 저작권자는 구분되는 개념이라는 것을 살펴본 바가 있다. 즉, 저작자는 해당 저작물을 창작한 자이고, 저작권자는 저작물을 직접 창작했는지 여부와는 무관하게 해당 저작물의 저작권을 가지고 있는 자이다. 저작자가 저작물을 창작하면 그가 그 저작물의 저작권을 가지게 된다. 이것이 바로 창작자 원칙이다. 그래서 저작물의 창작자는 그 저작물의 저작자가 되는 동시에 저작권자가 되는 것이다. 그리고 저작자가 그 후에 저작권을 타인에게 양도하게 되면 그 양수인은 해당 저작물에 관한 저작권 가운데 저작재산권만을 가지게 되고, 이로써 양수인은 저작재산권자로서 저작권자가 된다.

저작권 가운데 저작인격권은 그것의 일신전속성으로 인해 양도가 불가능하기 때문에 비록 저작자가 타인에게 저작권을 양도하더라도 저작재산권만 넘어가는 것이어서 저작인격권은 저작자에게 그대로 남아 있게 된다. 따라서 저작자는 항상 저작인격권자로서 저작권자가 된다. 이처럼 저작자와 저작권자는 그 의미에 있어서 명확히 구분되는 개념이기 때문에 추후 용어 사용 시 주의를 기울일 필요가 있다.

이와 같이 저작권법은 저작물을 창작한 자를 저작자로 하고 (저작권법 제2조 제2호), 저작권은 저작한 때로부터 발생하며 어떠한 절차나 형식의 이행을 필요로 하지 아니하며(저작권법 제10조 제2항), 저작인격권은 이를 양도할 수 없는 일신전속적인 권리로(저작권법 제14조 제1항) 규정하고 있다. 이러한 규정들은 당사자 사이의 약정에 의하여 변경할 수 없는 강행 규정이다.

따라서 상업성이 강하고 주문자의 의도에 따라 상황에 맞도록 변형되어야 할 필요성이 큰 저작물의 경우에는 재산적 가치가 중요시되는 반면 인격적 가치는 비교적 가볍게 평가될 수 있지만, 이러한 저작물도 제작자의 인격이 표현된 것이고, 제작자가 저작물에 대하여 상당한 애착을 가질 것임은 다른 순수 미술 작품의 경우와 다르지 않으며, 위 저작권법 규정의 취지 또한 실제로 저작물을 창작한 자에게만 저작인격권을 인정하자는 것이라고 볼 수 있으므로, 상업성이 강한 응용미술 작품의 경우에도 당사자 사이의 계약에 의하여 실제로 제작하지 아니한 자를 저작자로 할 수는 없다 할 것이다.[45]

---

45) 대법원 1992. 12. 24. 선고 92다31309 판결

12

미술저작물의 저작권자와
작품 소장자의 구별

작품 소장자는 저작(권)자와는 전혀 다른 개념으로 해당 작품에 대한 소유권만 가질 뿐 그 작품의 저작권에 대해서는 어떠한 권리도 가지지 않는 것이 원칙이다. 따라서 해당 작품을 임의로 복제하는 등의 행위를 하는 경우에는 해당 작품 저작권자의 저작권을 침해하게 된다. 다만, 미술저작물 등의 경우에는 작품 소장자가 저작권자의 동의 없이도 전시는 할 수 있다. 그러나 가로·공원·건축물의 외벽 그 밖에 공중에게 개방된 장소에 항시 전시하는 경우에는 해당 미술저작물 등 저작권자의 동의를 받아야만 한다(저작권법 제35조 제1항).

물론 작품의 소유권과 관련된 행위에 대해서는 작품 소장자가 임의로 행사할 수 있다. 왜냐하면 통상 작품의 저작자가 작품 소유권을 타인에게 양도하고 대가를 지불받았다면 그 후 작품에 발생할 수 있는 상황에 대해서는 그 작품 소유자의 손에 맡기는 것이 상식에 부합하고, 소유자가 작품을 양도·매도·교환·증여하거나, 자신이 거주하는 공간으로부터 제거하여 자신 또는 다른 사람이 보지 못하도록 하는 것이 부당한 소유권의 행사라고 보기 어렵기 때문이다.

그러나 작품에 대한 저작권 및 소유권의 행사와 관련하여 그 경계가 모호한 경우가 있을 수 있다. 대표적인 것이 작품 제거 또는 작품 파괴 행위이다. 앞서 본 장소 특정적 미술도 이러한 것과 밀접한 관련성이 있다. 미술품의 소유권자가 특정 장소에 있던 해당 미술품을 파괴함으로써 최종적으로 그 작품을 제거하는 행위가 해당 예술가의 저작권을 침해하는 행위인지 아니면 그 미술품 소유권자의 정당한 소유권의 행사인지가 문제된 〈도리산역 벽화 철거〉 사건(109쪽 참고)에 대해 더 자세히 알아보도록 하자.

이 사건에서 법원은 "통일부가 이 사건 벽화를 떼어낸 후 소각하여 폐기한 것은 이 사건 벽화의 소유권자로서의 권능을 행사한 것이라고 보아야 한다. 특정 형태의 저작물에 대하여는 소유권자에 대한 저작자의 권리를 보장하여야 할 필요성이 있을 수도 있으나, 이는 쌍방의 이해관계를 합리적으로 조정한 새로운 법률을 제정하는 방법으로 해결되어야 하며, 쌍방 이익의 비교 형량을 통한 현행법의 해석론으로 이를 인정할 수는 없다고 할 것이다"라고 판시함으로써,[46] 이 사건 벽화에 대한 저작권자의 권리와 그것의 소유권자의 권리를 구분하여 이 사건 벽화를 제거하는 것은 소유권자의 권리 범위 내에 있다는 것을 명확히 했다.

---

46) 서울고등법원 2012. 11. 29. 선고 2012나31843 판결

｜3｜
미술저작물의
공동저작자

1) 여러 명이 공동으로 창작한 저작물은 공동저작물이라고 한다. 저작권법은 이러한 공동저작물을 '2인 이상이 공동으로 창작한 저작물로서 각자의 이바지한 부분을 분리하여 이용할 수 없는 것'(저작권법 제2조 제21호)이라고 정의하고 있다. 따라서 2인 이상이 공동 창작의 의사를 가지고 창작적인 표현형식 자체에 공동의 기여를 함으로써 각자의 이바지한 부분을 분리하여 이용할 수 없는 단일한 저작물을 창작한 경우 이들은 그 저작물의 공동저작자가 된다. 여기서 공동 창작의 의사는 법적으로 공동저작자가 되려는 의사를 뜻하는 것이 아니라, 공동의 창작 행위에 의하여 각자의 이바지한 부분을 분리하여 이용할 수 없는 단일한 저작물을 만들어 내려는 의사를 뜻하는 것이라고 보아야 한다.

이와 구별되는 개념으로는 결합저작물이라는 것이 있다. 결합저작물은 외관상으로는 하나의 저작물로 보이지만 실제는 여러 저작물이 단순히 결합된 것으로서 각 저작물에 대해 각자가 별도의 저작권을 가지는 저작물을 의미한다.

예컨대, 대중음악은 작사와 작곡이라는 각각의 저작물이 단순히 결합만 된 형태이기 때문에 공동저작물이 아니라 결합저작물에 해당한다. 따라서 누군가 특정 음악의 작사와 관련된 저작권을 침해하거나 작사 이용에 관한 허락을 얻고자 하는 경우에는 해당 작사에 관해 저작권을 가진 자만이 저작권 침해를 주장하거나 이용 허락을 할 수 있다. 즉, 작곡은 아무런 관련성이 없기 때문에 작곡에 관해 저작권을 가진 자는 이 경우 어떠한 권리도 주장할 수 없게 된다.

서적의 경우에는 비록 그 표지에 'A, B 공저'라고 표시되어 있더라도, 총 15장 가운데 실제 1장부터 7장까지는 A가 저술했고, 8장부터 15장까지는 B가 저술했다면, 이는 공동저작물이 아니라 결합저작물에 해당한다. 즉, A와 B가 각자 저술한 그들의 저작물을 단순히 결합해서 한 권의 책으로 출판한 것에 불과한 것이다. 이와 마찬가지로 작사와 작곡도 각각의 저작물을 결합해서 하나의 음악으로 발표한 것에 불과하기 때문에 작사와 작곡은 결합저작물에 해당하고, 따라서 작사와 작곡에 관한 권리는 상호 어떠한 영향도 미치지 않게 된다. 예컨대, 갑이 대중음악 B의 가사를 개사하여 완전히 다른 노랫말로 만든 후 그 노래를 무단으로 공연했다면, 그 노래 작곡가의 저작권(공연권 등) 침해는 별론으로 하더라도, 작사가의 저작권을 침해하는 것은 아니게 된다. 다만, 해당 개사가 기존 가사의 2차적저작물에 해당한다면, 이 경우 갑은 작사가의 2차적저작물작성권을 침해할 수 있게 된다.

공동저작물은 창작적 기여의 시점과 장소가 서로 다르더라도 그 공동저작자들이 공동 창작의 의사를 가지고 각각 맡은 부분의 창작을 하여 각 기여 부분을 분리하여 이용할 수 없는 저작물이 되면 족하다. 따라서 하나의 저작물에 2인 이상이 시기를 달리하여 창작에 관여한 경우, 선행 저작자에게는 자신의 저작물이 완결되지 아니한 상태에서 후행 저작자가 이를 수정·보완하여 새로운 창작성을 부가하는 것을 허락 내지 승인하는 의사가 있고, 후행 저작자에게는 선행 저작자의 저작물에 터 잡아 새로운 창작을 부가하는 의사가 있다면, 이들에게는 각 창작 부분의 상호 보완에 의하여 하나의 저작물을 완성하려는 공동 창작의 의사가 있는 것으로 인정할 수 있다.

그리고 여기서 '기여 부분을 분리하여 이용할 수 없다' 는 의미는 그 분리가 불가능한 경우뿐만 아니라 분리할 수는 있지만 현실적으로 그 분리 이용이 의미가 없는 경우도 포함한다고 할 것이고, 또한 저작물의 원본, 복제물 등에 저작자로서의 실명 또는 이명으로서 널리 알려진 것이 일반적인 방법으로 표시된 자는 그 저작물의 저작자로 추정(저작권법 제8조 제1항 제1호)되지만, 공동으로 저작물의 창작에 기여한 이상 그 저작물에 대하여 공동저작자 가운데 1인 또는 그 일부만이 저작자라고 표시되는 경우에도 다른 공동저작자들은 저작권법상 공동저작자로서의 권리를 주장할 수 있다고 할 것이다.

2) 이러한 공동저작물의 저작재산권은 그 저작재산권자 전원의 합의에 의하지 않고는 이를 행사할 수 없다(저작권법 제48조 제1항 본문). 따라서 공동저작자가 해당 공동저작물을 이용하는 등 그것의 저작재산권을 행사하기 위해서는 다른 공동저작자의 동의를 받아야만 한다.

그런데 만일 공동저작자 가운데 일부가 다른 공동저작자의 동의 없이 그 공동저작물을 무단으로 이용하게 되면 어떻게 될까? 공동저작물에 관한 저작재산권의 행사 방법을 위반한 행위에 불과한 것일까? 아니면 다른 공동저작자의 저작재산권을 침해하는 행위까지 되는 것일까? 이 가운데 전자에 해당한다면 이는 순수한 민사적인 문제에 그치기 때문에 다른 공동저작자는 공동저작물의 무단 이용에 따른 손해배상 청구 등을 할 수 있을 뿐인 반면, 그것이 후자에 해당한다면 이는 저작권법 위반에 따른 형사처벌 대상이 될 수 있다.

이와 관련하여 대법원은 "저작권법 제48조 제1항 전문은 '공동저작물의 저작재산권은 그 저작재산권자 전원의 합의에 의하지 아니하고는 이를 행사할 수 없다'고 정하고 있는데, 위 규정은 어디까지나 공동저작자들 사이에서 각자의 이바지한 부분을 분리하여 이용할 수 없는 단일한 공동저작물에 관한 저작재산권을 행사하는 방법을 정하고 있는 것일 뿐이므로 공동저작자가 다른 공동저작자와의 합의 없이 공동저작물을 이용한다고 하더라도 그것은 공동저작자들 사이에서 위 규정이 정하고 있는 공동저작물에 관한 저작재산권

의 행사방법을 위반한 행위가 되는 것에 그칠 뿐 다른 공동
저작자의 공동저작물에 관한 저작재산권을 침해하는 행위
까지 된다고 볼 수는 없다"라고 판시함으로써[47], 공동저작
자 가운데 일부가 다른 공동저작자의 동의 없이 그 공동저
작물을 무단으로 이용하더라도 이는 민사적인 문제에 불과
할 뿐 저작권 침해에는 해당하지 않는다고 판결하였다.

다음에 살펴볼 〈뽀로로〉 사건에서와 같은 캐릭터는 시각적
인 면에서만 보면 미술저작물이라고 할 수 있지만, 이는 애
니메이션에 등장하는 등장인물이기 때문에 그 저작자가 누
구인지를 판단함에 있어서는 단순히 미술저작물의 창작에
기여한 것만을 보고 판단해서는 안 되고, 총체적 아이덴티
티로서의 캐릭터를 창작하는데 기여한 자가 누구인지를 확
인하여 그 저작자 여부를 판단하여야 한다.

〈뽀로로〉 사건[48]

디지털 영상물 제조, 자문 및 공급업 등을 영위하는 주식회사 오
콘(이하 '오콘'이라 함)은 애니메이션 제작, 수입 및 판매업 등을
영위하는 주식회사 아이코닉스엔터테인먼트(이하 '아이코닉스'라고
함)를 상대로 〈뽀롱뽀롱 뽀로로〉에 등장하는 뽀로로, 루피, 크롱,
에디, 포비(이하 '〈뽀로로〉 캐릭터'라고 함)에 관하여 오콘이 단독 저
작권을 갖는 것을 확인하는 소송을 제기하였다.

오콘의 주장

〈뽀로로〉 캐릭터와 같은 시각적 캐릭터의 특징은 모두 시각적인 생김새에 의하여 표현되어 있고, 캐릭터가 가지는 성격과 같은 요소는 저작권에 의해 보호받을 수 없는 아이디어의 영역에 속한다. 그러므로 저작권법상 표현에 해당하는 시각적인 부분만이 그 보호의 대상이 되는 것이지, 구체적 표현이라고 할 수 없는 캐릭터의 성격은 단순한 아이디어에 해당하기 때문에 저작권법의 보호 대상이 될 수 없다. 그러므로 아이코닉스가 〈뽀로로〉 캐릭터의 성격 형성에 기여했다고 하더라도 〈뽀로로〉 캐릭터의 저작자가 될 수는 없다.

 법원의 판단

① 캐릭터의 저작자가 될 수 있는 경우

〈뽀로로〉 캐릭터는 애니메이션을 통하여 대중들에게 인식된 것이어서 〈뽀로로〉 캐릭터가 가지는 외형적인 모습 외에도 말투, 목소리, 동작 등의 요소 역시 〈뽀로로〉 캐릭터를 구성하는 구체적 표현에 해당하므로, 시각적인 캐릭터는 등장인물에 관한 그림만을 캐릭터로 보아야 한다는 오콘의 주장은 받아들일 수 없다.

47) 대법원 2014. 12. 11. 선고 2012도16066 판결
48) 서울고등법원 2013. 11. 21. 선고 2013나39638 판결

② 아이코닉스도 뽀로로 캐릭터의 저작자인지 여부(O)

성우를 섭외하여 녹음, 음악 및 음향효과, 믹싱 작업을 담당한 이상(아이코닉스가 직접 하지는 않았더라도 아이코닉스의 전체적인 기획과 지휘 아래 이루어짐), 아이코닉스는 〈뽀로로〉 캐릭터의 목소리, 말투 등의 구체적인 표현을 함에 있어서 창작적인 기여를 하였으므로, 〈뽀로로〉 캐릭터에 관하여 저작권을 가진다.

평석

〈뽀로로〉 캐릭터는 오콘과 아이코닉스의 공동저작물이 된다는 법원의 판단에 따라, 〈뽀로로〉 캐릭터에 대해 오콘이 단독 저작권을 가진다는 것을 확인해 달라는 이 사건 소송은 오콘의 패소로 끝이 났다. 그 후 '〈뽀로로〉 아빠는 두 명'이라는 기사가 나오기도 했다.

이러한 법원의 판단은 캐릭터의 성격 등도 캐릭터를 구성하는 요소에 해당하는 것이어서 그 창작에 기여한 자도 캐릭터의 저작자가 될 수 있다는 점을 분명히 했다는 점에서 시사하는 바가 크다 할 것이다.

3) 공동저작물에 관한 권리가 침해된 경우에 각 저작자 또는 각 저작재산권자는 다른 저작자 또는 다른 저작재산권자의 동의 없이 저작권 등의 침해 행위 금지 청구를 할 수 있다. 공동저작물의 저작인격권은 저작자 전원의 합의에 의하지 않고서는 이를 행사할 수 없지만(저작권법 제15조 제1항), 이는 그 저작인격권을 행사하는 것에 대한 제한 규정일 뿐, 저작인격권에 대한 침해에 있어 그 침해정지청구권을 행사함에 있어서도 공동저작자 전원의 합의가 필요하다는 취지는 아니다. 따라서 공동저작자의 일부 또는 그 가운데 1인이라도 저작권의 침해 정지 청구권을 행사할 수 있다

그리고 저작(권)자는 저작인격권을 제외한 저작재산권의 침해에 관하여 자신의 지분에 관한 손해배상의 청구를 할 수 있다. 그리고 저작인격권의 침해에 대한 손해배상이나 명예회복 등 조치 청구는 저작인격권의 침해가 저작자 전원의 이해관계와 관련이 있는 경우에는 전원이 행사하여야 하지만, 1인의 인격적 이익이 침해된 경우에는 단독으로 손해배상 및 명예회복조치 등을 청구할 수 있고, 특히 저작인격권 침해를 이유로 한 정신적 손해배상을 구하는 경우에는 공동저작자 각자가 단독으로 자신의 손해배상 청구를 할 수 있다.[49]

---

49) 대법원 1999. 5. 25. 선고 98다41216 판결

I4I
미술저작물의
저작권 양도

1) 저작권 양도는 이미 앞에서 살펴본 것처럼 저작권을 구성하는 권리인 저작재산권과 저작인격권 가운데 양도가 가능한 것은 저작재산권에만 국한되기 때문에 보통 저작권 양도라고 할 때 그것은 저작재산권의 양도를 의미한다.

2) 저작권 침해를 당한 후 저작권자가 그의 저작권을 타인에게 양도할 때는 한 가지 고려해야 할 것이 있다. 만일 저작권 양도인이 이미 발생한 저작권 침해에 대해 그 침해자에게 저작권 침해에 따른 손해배상을 청구하고자 한다면 보통의 저작권 양도 계약에 따라 저작권을 양도하면 되겠지만, 그렇지 않고 저작권 양수인이 기존 저작권 침해에 따른 손해배상 청구를 하고자 하는 경우에는 단순히 저작권을 양도하는 것만으로는 부족하고 또 다른 합의가 하나 더 필요하다.

즉, 저작권 양수인이 그 저작권 양도인으로부터 저작권 양도 이전에 양도인이 침해자에게 가지고 있던 저작권 침해에 따른 손해배상청구권까지 승계 받아야 한다. 그리고 이를 위해서는 저작권 양도인과 양수인 간에 저작재산권 양도 계약을 서면으로 체결할 때, 그 내용에 '양도인은 양수인에게 본 저작재산권 양수도 이전에 양도인이 제3자에 대해 가지는 저작권 침해에 따른 손해배상청구권을 양도한다'는 조항을 포함시킬 필요가 있다.

한편, 위와 같이 저작권과 함께 저작권 침해에 따른 손해배상청구권까지 양도하더라도, 앞서 본 바와 같이 이는 어디까지나 저작재산권과 관련된 것이기 때문에 저작인격권 침해에 따른 손해배상 청구권은 여전히 저작자에게 있다. 따라서 위와 같은 상황에서 저작권 침해에 따른 손해배상 청구 소송을 제기할 때는 그 소송의 원고를 양수인으로만 할 것이 아니라, 먼저 저작재산권 침해와 관련해서는 양수인을, 저작인격권 침해와 관련해서는 저작자(양도인이 저작자인 경우에는 양도인)을 원고로 삼아야만 제대로 된 손해배상을 받을 수 있다.

⌂
|5|
미술저작물의
이용 허락

저작권자는 다른 사람에게 자신의 저작물의 이용을 허락할
수 있다(저작권법 제46조 제1항). 그리고 이용 허락을 받은 사람은
허락받은 이용 방법 및 조건의 범위 안에서 그 저작물을 이
용할 수 있다.

이와 관련하여 이러한 이용 허락의 방법 및 조건 등을 넘어
선 이용이 계약 위반일 뿐인지 아니면 저작권 침해에도 해
당하는지가 문제되는 경우가 있다. 그리고 상품의 판매를
위한 홍보·광고를 위하여 해당 상품과 관련된 이미지 사용
이 필수적인 경우에도 그에 관한 명시적인 이용 허락이 없다
는 이유만으로 이를 저작권 침해라고 볼 수 있는지 여부가
문제되는 경우도 있다.

(1) 이용 허락 범위를 넘어 선 이용이 저작권 침해에 해당하는지 여부

최근에는 출판물, 홈페이지, 영상물 등을 제작함에 있어서 소비자들의 고객 흡입력을 높이기 위해 이미지를 광범위하게 활용하고 있다. 이러다 보니 이미지를 무단으로 사용하거나 그 사용 권한을 넘어서 사용함으로써 이미지에 관한 저작권 침해 문제가 빈번하게 발생하고 있다.

이미지는 직접 창작하거나, 제3자로부터 저작권을 양도받거나, 외주를 주어 이미지를 제작하거나, 가장 흔하게는 이미지 제공 회사와의 라이선스 계약을 통하는 등의 다양한 방법으로 사용할 수 있다.

이미지 제공 회사와의 라이선스 계약을 통해 이미지를 사용할 때 특히 유의할 점은, 이미지 사용자는 반드시 라이선스 계약이나 이용 약관에서 정해진 내용에 따라 사용해야 한다는 것이다. 만일 이를 위반할 경우에는 계약 위반은 물론이고 저작권 침해 문제도 발생할 수 있다. 따라서 이미지 사용자의 입장에서는 그 라이선스 계약의 유형이 1) 이용자의 자사 홍보물 제작용도로만 이미지를 사용할 수 있는 경우인지, 2) 이미지를 사용하여 제3자에게 홍보물을 제작·납품할 수 있는 경우인지 3) 협의 하에 사용 용도 및 범위가 정해지는 경우인지 등을 명확히 숙지할 필요가 있다. 또한 이미지 사용 범위를 정확히 알 수 없는 경우에는 사용 전에 이미지 제공 회사에 문의하여 그 사용 범위를 확인할 필요가 있다.

〈이미지 이용 허락의 범위〉 사건[50]

A회사는 이미지 제작 및 공급업체이고, B는 홈페이지 제작업체이다. B는 A회사로부터 이미지 콘텐츠 CD 총 3장을 구입하였다. B가 구입한 CD에 첨부된 계약서에는 '콘텐츠의 저작권은 A회사에게 있고 구매자는 사용권만을 가지는데, 그 사용 허락의 범위는 구매자 본인만이 1회에 한하여 사용하는 것으로 제한되며, 구매자는 A회사의 콘텐츠를 변형·재가공할 수 있으나 그 변형·재가공된 이미지를 판매하거나 상업적으로 이용할 경우 반드시 A회사의 사전 승인을 받아야 한다'라고 기재되어 있다. 그리고 A회사의 쇼핑몰 이용 약관 역시 구매자의 사용 범위를 제한하면서 콘텐츠에 관한 그 어떠한 지적재산권도 구매자에게 양도되지 않는다고 명시하고 있다.

A회사는 인터넷 홈페이지 제작 사이트를 운영하는 업체들에게 A회사의 콘텐츠(디자인 시안, 팝업 콘텐츠, 오픈마켓 콘텐츠)를 웹사이트에 전시하여 영업할 수 있는 권리를 별도의 전시 제휴 계약 체결을 통해 부여하고 있다.

그런데 B는 A회사로부터 구매한 위 CD의 이미지 콘텐츠를 이용하여 홈페이지 디자인 시안을 만든 후 이를 자신의 웹사이트에 전시하여 고객을 유인하는데 이용하였고, 전시된 디자인 시안을 보고 제작을 의뢰해 온 고객들에게 A회사 이미지 콘텐츠를 사용하여 홈페이지를 제작해 줌으로써, 일부 콘텐츠를 중복하여 사용하였다. 이에 A회사는 B의 위와 같은 행위에 대하여 저작권 침해를 이유로 한 손해배상 청구 소송을 제기하였다.

■ B가 A회사로부터 구매한 CD의 이미지 콘텐츠를 홈페이지 디자인 시안으로 사용하여 이를 홈페이지에 게시한 후, 그 동일한 이미지 콘텐츠를 홈페이지 제작에 사용한 것이 A의 저작권을 침해하는 것인지 여부(O)

계약서 및 약관의 문언 내용에 비추어 볼 때, B에게 허락된 '사용'이라 함은 A회사의 콘텐츠를 홈페이지 제작에 직접 사용하는 것을 의미하는 것이지, 이를 넘어 콘텐츠를 전시하거나 고객 유인 등 상업적 목적으로 이용하는 것까지 포함하는 것이라 보기는 어려우므로, B는 A회사의 이미지 콘텐츠를 그 사용 허락 범위를 넘어 사용함으로써 A회사의 저작권을 침해하였다고 할 것이다.

평 석

이 사건은 저작물 이용 허락 계약에 그 이용 범위가 명확히 정해져 있는 상황에서 그 이용 범위를 넘어서는 저작물 이용 행위는 계약 위반에 해당함은 물론이고 저작권 침해에도 해당될 수 있음을 보여 주는 사례이다. 따라서 저작물 이용 허락 계약 체결 시 이용자는 그 이용 범위를 명확히 하여 타인의 저작권을 침해하는 상황이 발생하지 않도록 유의할 필요가 있을 것이다.

---

50) 울산지방법원 2012. 12. 28. 2010노170 판결

(2) 상품 판매를 위한 홍보·광고를 위하여 관련 상품 이미지를 사용하는 것이 저작권 침해에 해당하는지 여부

상품을 구매 또는 수입하여 이를 판매하기 위해서는 그 상품에 관한 이미지 사용이 필수적이라고 할 수 있다. 이러한 경우에 해당 상품 이미지 또는 그 상품에 새겨져 있는 디자인을 사용하고자 할 때 그 저작권자에게 별도의 동의를 받아야 하는지가 문제될 수 있다. 이하에서는 이러한 문제에 대해 살펴보도록 하겠다.

저작권의 보호 대상은 사람의 정신적 노력에 의하여 얻어진 사상 또는 감정을 말, 문자, 음, 색 등에 의하여 구체적으로 외부에 표현된 창작적인 표현 형식으로서, 저작권법은 위와 같은 저작물을 보호함과 동시에 저작물의 공정한 이용을 도모하는 것 또한 그 입법 목적으로 규정하고 있다(저작권법 제1조). 즉 저작권법은 저작물에 대한 저작권자의 권리를 법적으로 보호함으로써 창작 의욕을 고취시키고 저작권자의 권리를 보장하면서도, 한편 위와 같이 창작된 저작물을 일반 공중이 사용함으로써 사회·경제적 이익을 향상시킬 수 있는 길을 열어 두어, 저작물에 대한 저작자의 독점적 권리와 일반 공중의 이익의 조화를 목적으로 하고 있다. 이러한 점에 비추어 볼 때, 저작권자의 권리를 어느 정도 보호할 것인지 여부는 해당 저작물을 창작하게 된 경위와 그 목적, 저작물의 이용 형태, 저작물의 사회적 용도와 기능 등을 종합적으로 고려하여 판단할 것이다.

한편, 저작권법은 저작자에 대하여 저작물의 원본이나 그 복제물에 대한 배포권을 인정하면서도, 저작물의 원본이나 그 복제물이 해당 저작권자의 허락을 받아 판매 등의 방법으로 거래에 제공된 경우에는 저작권자의 배포권을 제한하고 있다. 이러한 규정의 취지 등에 비추어 보면, 상품의 생산자가 저작물을 작성하여 상품에 부착하는 행위는 저작물의 창작 그 자체보다는 심미적 만족감을 이용하여 궁극적으로 상품 판매를 향상시키는 데 그 목적이 있으므로, 위와 같은 저작물이 포함된 상품 판매에 있어 제품의 종류를 구별하거나, 제품을 홍보·광고하기 위하여 그 저작물들을 게시하고 사용하는 행위는 상품의 판매를 향상시키기 위한 것으로서 위 저작물의 이용 목적에 합치될 뿐만 아니라, 위와 같은 상품이 판매되었다면 이로써 위 생산자는 저작물을 창작한 부분에 대하여 이미 보상을 받았다고도 보아야 할 것이므로 상품 제작업체로부터 해당 상품을 구매 또는 수입하고 이를 판매할 목적으로 해당 상품과 관련된 이미지를 사용하는 것은 이미 허용 범위 내에 있다고 볼 여지가 상당하다.[51)]

이하에서는 상품을 병행 수입하여 판매하는 자가 그 상품과 관련된 이미지 저작권자의 명시적인 허락 없이 상품 관련 이미지를 사용하는 것이 저작권 침해에 해당하는지에 관해 살펴보도록 하겠다.

---

51) 서울서부지방법원 2012. 2. 17. 선고 2011가합5721 판결

A회사는 고급 생활도자기 그릇 등을 생산·판매하는 영국 법인
으로 여러 문양들(이하 '이 사건 문양들'이라 함)을 사용한 도자기,
컵, 그릇 등을 국내에 수입 및 판매하고 있다.

B회사는 생활용품, 주방용품 도소매업 등을 영위하는 회사로서
이 사건 문양들이 새겨진 A회사의 머그컵을 독일에 있는 총판매
업자로부터 수입하여 인터넷 쇼핑몰 사이트를 통해 국내에 판매
하면서, 위 사이트에 이 사건 문양들을 복제하여 게시하였다.

이에 A회사는 업무상저작물인 이 사건 문양들에 대한 저작권자
이고, B회사는 A회사의 저작물인 이 사건 문양들을 인터넷 쇼핑
몰 홈페이지에 복제하여 게시함으로써 A회사의 위 문양들에 대
한 복제권을 침해하였다는 이유로 B회사를 상대로 이에 따른 손
해배상 등 청구 소송을 제기하였다.

■ B회사가 A회사의 허락 없이 이 사건 문양을 인터넷 사이트에 게
시한 것이 저작권 침해에 해당하는지 여부(X)

병행 수입 그 자체는 위법성이 없는 정당한 행위로서 병행
수입업자가 상표권자의 상표가 부착된 상태에서 상품을 판
매하는 행위는 당연히 허용되고, 상표제도는 상표를 보호함

으로써 상표 사용자의 업무상의 신용 유지를 도모하여 산업 발전에 이바지함과 아울러 수요자의 이익을 보호함을 목적으로 하며, 상표는 기본적으로 당해 상표가 부착된 상품의 출처가 특정한 영업 주체임을 나타내는 상품 출처 표시 기능과 이에 수반되는 품질 보증 기능이 주된 기능이라는 점 등에 비추어 볼 때, 상표의 기능을 훼손할 우려가 없고 국내 일반 수요자들에게 상품의 출처나 품질에 관하여 오인·혼동을 불러일으킬 가능성이 없는 이상, 실질적으로 상표권 침해의 위법성이 있다고 볼 수 없으므로, 상표권자는 상표권에 기하여 그 침해의 금지 등을 구할 수 없다.[53]

이 사건 문양들은 A회사의 상품 판매를 위한 저작물이고, B회사의 위 상품 판매 행위는 진정상품(위조. 모조상품에 대응하는 개념으로 상표가 외국에서 적법하게 사용할 권리가 있는 자에 의하여 부착되어 배포된 상품)의 병행 수입에 해당하여 A회사의 상표권을 침해한다고 보기도 어려운 점을 고려한다면, B회사가 상품의 판매를 위하여 위 문양을 복제·게시한 행위는 A회사의 이익을 부당하게 해친다거나 저작물의 통상적인 이용 방법과 충돌한다고 보기 어려워 저작물의 공정한 이용에 해당하는 측면 또한 존재한다.

위와 같은 점을 종합하면, B회사가 이 사건 문양들을 복제·게시한 것을 두고 A회사의 저작권을 침해했다고 보기 어려

---

53) 대법원 2002. 9. 24. 선고 99다42322 판결

울 뿐만 아니라, B회사에 대하여 위 문양들의 사용을 금지하는 A회사의 청구는 저작권법에 따른 저작물의 정당한 보호 범위를 넘어 A회사의 독점적 권리만을 주장하고 저작물의 공정한 이용과 이에 따른 일반 공중의 이익을 해하는 것으로써 신의성실의 원칙에 위배된다고 봄이 상당하다.

따라서 A회사의 위와 같은 청구가 설령 권리 행사의 외형을 갖추었다고 하더라도 이는 저작권을 남용하는 것으로서 허용될 수 없다 할 것이다.

평 석

정당하게 상품을 구매 또는 수입하여 판매하는 업체는 그 상품을 구매 또는 수입할 때 그 상품 관련 이미지 저작권자로부터 그 이미지 사용에 대해 허락을 받은 것으로 봄이 상당하고, 그렇지 않더라도 이는 저작물의 공정한 이용에 해당하는 것이므로, 이를 두고 저작권 침해라고 주장하는 것은 신의성실의 원칙에 위배된 권리 남용에 해당한다. 다만, 상품 구매 또는 수입업자가 그 판매를 위해 상품과 관련된 이미지를 사용하는 것이 위와 같이 저작권 침해가 되지 않는 것은 해당 상품을 정당하게 구매 또는 수입한 경우에만 해당되는 것이지 그 상품을 불법적으로 구매한 자에게는 적용되지 않는다는 것을 유념할 필요가 있다.

미술저작물에 관한
저작재산권과
저작인격권

1

들어가며

저작권은 저작재산권과 저작인격권으로 구성되어 있다. 따라서 '저작권이 침해됐다'라는 것은 저작재산권 침해일 수도 있고 저작인격권 침해일 수도 있다. 물론 둘 다를 침해하는 경우도 포함된다. 따라서 저작권 침해 사건에서는 그것이 저작재산권 침해인지, 저작인격권 침해인지 아니면 둘 다인지 명확히 특정할 필요가 있다.

이와 같이 저작권 침해 사건에서 침해된 저작권의 종류를 특정해서 주장하는 것은 여러 가지 면에서 의미가 있다. 먼저 이는 손해액에 영향을 미친다. 즉, 저작권은 권리의 다발이기 때문에 각 권리 침해에 대해서 손해배상을 청구하는 것이 원칙이다. 또한 권리 침해에 따른 손해액 구분이 명확하지 않거나 손해액 산정 자체가 불분명한 때에는 침해되는 권리의 수(數)에 따라 법원의 손해액 인정액이 달라질 수도 있다.

그리고 저작재산권과 저작인격권은 명확히 다른 권리이기 때문에 저작인격권 침해가 있는 경우에는 반드시 이를 특정해서 주장할 필요가 있고, 특히 저작인격권을 구성하는 각각의 권리(공표권, 성명표시권, 동일성유지권)는 각기 다른 성격의 권리이기 때문에 그 손해액을 각각 주장할 필요가 있다. 이처럼 저작권의 종류를 특정해서 주장하다 보면, 자칫 빠뜨릴 수 있는 저작인격권 침해 주장을 놓치지 않을 수 있다. 또한 같은 맥락에서 저작권 양도 시 그 양도의 대상이 되는 것은 저작재산권에만 국한되기 때문에 저작인격권은 저작자에게 여전히 남아있게 되고, 따라서 저작권 양도 후 제3자에 의한 저작권 침해 시 그 침해된 저작권의 종류를 파악하게 되면 저작인격권 침해 여부를 확인할 수 있고, 그렇다면 저작권 침해에 따른 손해배상청구 소송에서 저작인격권자인 저작자를 빠뜨리지 않고 원고로 삼을 수 있게 된다.

Ｉ2Ｉ
저작재산권

저작재산권은 복제권, 공연권, 공중송신권, 전시권, 배포권, 대여권, 2차적저작물작성권 총 7가지이다. 그 가운데 저작권 침해 사건에서 가장 많이 문제가 되는 것은 복제권과 2차적 저작물작성권이다. 제3자가 자신의 저작물을 일부 변형하여 사용하고 있는 경우에 복제권 침해를 주장해야 할지, 2차적 저작물작성권 침해를 주장해야 할지 애매한 경우가 꽤 많기 때문이다. 이런 경우 일반적으로 실무에서는 '복제권 또는 2차적저작물작성권이 침해되었다' 라고 주장한다.

저작권을 침해당했을 때에는 되도록 침해된 저작권의 종류를 구체적으로 확인한 후 그에 따라 저작권 침해를 주장하는 것이 바람직한데, 이를 위해서는 침해된 권리가 저작재산권인지, 저작인격권인지 아니면 둘 다인지 여부를 확인하는 작업과 저작재산권과 저작인격권 가운데 침해된 권리가 각각 어떤 것인지를 확인하는 작업이 함께 이루어져야 한다.

어떤 저작물이든 저작권 침해가 발생하게 되면, 보통은 저작재산권 가운데 복제권 침해를 수반한다. 물론 원저작물을 무단으로 일부 변형한 것이 2차적저작물에 해당할 될 때에는 복제권 침해가 아닌 2차적저작물작성권 침해가 문제될 수 있고, 작품 소장자가 작품 저작권자의 동이 없이 가로·공원·건축물의 외벽 그 밖에 공중에게 개방된 장소에 항시 전시하는 경우에는 복제권의 침해 없이 전시권 침해만 문제되는 경우도 있긴 하다. 그러나 일반적으로는 타인의 저작물의 전부 또는 일부를 그대로 복제하는 경우가 대부분이고, 이는 미술저작물도 예외는 아니다.

그리고 통상적인 저작권 침해 사건에서는 복제권만 문제되는 경우는 드물고, 배포권 또는 공중송신권도 함께 문제되는 경우가 대부분이다. 따라서 미술저작물 관련 저작권 침해 사건의 경우에도 저작재산권 가운데 어떤 권리들이 침해되었는지를 면밀히 살펴볼 필요가 있다.

1 복제권과 2차적저작물작성권

1) 복제권과 2차적저작물작성권은 선택적으로 주장되는 경우도 있고(복제권 또는 2차적저작물작성권이 침해됐다), 순차적으로 주장되는 경우도 있다(주위적으로는 복제권이 침해되었고, 예비적으로 2차적저작물작성권이 침해되었다).

2) 먼저 복제권에 관해 살펴보면, 저작자는 그의 저작물을 복제할 권리 즉, 복제권을 가지고 있고(저작권법 제16조), 여기서 말하는 복제는 '인쇄·사진 촬영·복사·녹음·녹화 그 밖의

방법으로 일시적 또는 영구적으로 유형물에 고정하거나 다시 제작하는 것'을 말한다(저작권법 제2조 제22호). 타인의 저작물을 전부 복제하는 것은 물론이고, 일부를 복제하더라도 저작물성이 있는 부분 즉, 창작성이 있는 부분을 복제하는 경우에도 복제권 침해가 된다.

3) 다음으로 저작자는 그의 저작물을 원저작물로 하는 2차적저작물을 작성하여 이용할 권리 즉, 2차적저작물작성권을 가지고 있고(저작권법 제22조), 여기서 말하는 2차적저작물이라고 함은 '원저작물을 번역·편곡·변형·각색·영상제작 그 밖의 방법으로 작성한 창작물'을 말한다(저작권법법 제5조 제1항).

2차적저작물작성권은 복제권과 함께 저작권 침해 사건에 있어 가장 자주 등장하는 저작재산권이기 때문에, 저작권 침해가 발생하였을 경우 복제권과 더불어 가장 먼저 떠올려야 하는 권리다. 이와 같이 복제권과 2차적저작물작성권은 원저작물을 기초로 하여 그와 동일한 유형물을 작성하거나(복제) 또는 동일하지는 않지만 실질적으로 비슷한 새로운 저작물을 작성하는 행위(2차적저작물작성)를 통제할 수 있는 권리로서 저작재산권의 핵심을 이루고 있다. 따라서 흔히 표절했다고 하면 거의 대부분은 2차적저작물작성권 침해 여부가 문제되는 사건이라고 생각하면 된다.

---

54) 서울고등법원 2008. 10. 29. 선고 2008나4461 판결

〈등대 도안〉 사건[54]

A는 중견 조형예술가이고, B청(廳)은 부산 해운대 해수욕장 앞바다에 '해운대 APEC 기념 등대'(이하 '이 사건 등대'라 함)를 설치한 국가기관이다.

A는 B청으로부터 해운대 앞바다에 세울 등대의 설계에 필요한 디자인을 제공해 달라는 부탁을 받고 3가지 등대 도안을 B청에 제공했다. B청은 A로부터 제출받은 도안을 기초로 건축사무소를 운영하는 C에게 해운대등표 설치공사의 실시설계를 하도록 하였고, 이 사건 등대의 제작을 위한 입찰을 실시하여 D회사에게 이 사건 등대 신축공사를 도급 주었다.

A는 C가 작성한 설계도면이 A의 창작 의도를 제대로 살리지 못하였다는 이유로 B청에게 설계 변경을 요청하여 변경 도면을 제출하면 검토해 볼 수 있다는 B청의 회신을 받고 등대 도안(이하 'A의 등대 도안'이라 함)을 새로 작성하고 등대의 건축모형을 직접 제작한 다음, 이를 기초로 도면과 함께 B청에 제공하였다.

B청은 D회사에게 C가 A의 등대 도안을 기초로 작성한 건축설계도서를 교부하였고, D회사는 이에 따라 시공하여 이 사건 등대를 완공하였다. 이에 A는 A가 B청에 교부한 등대 도안은 건축저작물에 해당하는데, B청은 A의 허락을 받지 않고 A의 등대 도안을 기초로 등대를 건축하였다는 등의 이유로 저작권 침해를 주장하면서 B청을 상대로 이에 따른 손해배상 청구 소송을 제기하였다.

건축저작물이라 함은 사상이나 감정이 토지상의 공작물에
표현되어 있는 저작물로서 저작물의 일반적인 요건인 창작
성 있는 표현을 갖추어야 하므로, 모든 건축물이 건축저작
물에 해당하는 것은 아니다. 저작권법은 제4조 제1항 제5호
에서 건축물, 건축을 위한 모형 및 설계도서 등을 건축저작
물로 예시하고 있으므로, 건축저작물은 관념적인 존재로서
의 건축저작물을 매체에 구현하고 있는 현실로 존재하는 건
축물 자체와 건축을 위한 모형 또는 설계도면 중에 내재하
고 이미지로서 존재하는 건축저작물이 있다고 할 수 있다.

따라서 건축을 위한 모형과 설계도서의 경우에는 저작권법
제4조 제1항 제8호에서 정한 도형저작물인 동시에 건축저작
물에 해당하고, 그 건축을 위한 모형 또는 설계도서에 따라
건축물을 시공하는 것은 건축저작물의 복제에 해당한다(저
작권법 제2조 제22호). 다만 건축을 위한 도면에 저작물성이 인정
된다 하여 곧바로 그 도면에 따라 시공한 건축물이 건축저
작물에 해당하는 것은 아니므로 저작권법 제4조 제1항 제5
호에 정한 건축을 위한 모형 또는 설계도서에 해당하기 위해
서는 거기에 표현되어 있는 건축물의 저작물성이 인정되는
경우에 한정되고, 그렇지 않은 경우에는 건축저작물이 아니
라 도형저작물이나 미술저작물에 해당하는 데 그친다고 보
아야 한다. 이와 같이 해석하지 않으면, 창작성 있는 표현이

라는 저작물의 요건을 갖춘 건축물만이 건축저작물에 해당하는 반면, 건축을 위한 모형과 설계도서의 경우에는 그에 따라 시공한 건축물이 저작물성이 없는 때에도 건축저작물로 인정되는 결과가 되어 부당하기 때문이다.

A의 등대 도안은 등대의 제작을 위한 일종의 스케치로서 건축 구상을 표현하고 있지만, 그 구상의 밀도에 있어서 개략적인 구상 단계에 불과하고, 그 표현에 있어도 건축설계도면이 가지는 기술성, 기능성보다는 형상, 색채, 구도 등의 미적 표현에 중점을 두고 있으며, A의 등대 도안만으로는 실제로 등대를 건축할 수 없는 사실을 인정할 수 있는바, 위 인정 사실 등에 비추어 보면, A의 등대 도안은 저작권법 제4조 제1항 제5호에 정한 설계도서에 해당한다고 보기는 어렵고, 도형저작물이나 미술저작물에 해당할 뿐이라고 봄이 상당하다.

■ 저작재산권 침해 여부

1) 복제권 침해 여부(X)

A는, A가 B청에게 제공한 등대 도안이 건축저작물인 설계도서에 해당함을 전제로 B청이 A의 등대 도안이나 건축모형에 기초해서 등대를 건축함으로써 복제권을 침해하였다고 주장하나, 앞서 본 바와 같이 A의 등대 도안이 건축저작물인 설계도서에 해당하지 않을 뿐 아니라, B청은 A의 등대

도안이나 건축모형에 기초하여 시공한 것이 아니라 C가 작성한 설계도면을 토대로 시공한 것이다(A가 B청에게 제공한 설계도면은 등대의 재질을 스테인리스강으로, 등대의 내부를 빈 공간이 있는 콘크리트 구조로 하면서 사다리를 등대 내부에 설치하는 것으로 되어 있으나, 이 사건 등대는 이와 다르게 건축되었다).

설령 A의 주장과 같이 A의 등대 도안이 설계도서에 해당하여 건축저작물에 해당한다 하더라도, A가 B청에게 A의 등대 도안의 이용을 허락하였다고 봄이 상당하다.

2) 2차적저작물작성권 침해 여부

① B청이 건축한 등대 또는 B청이 등대를 건축함에 있어 사용한 건축설계도서가 A의 등대 도안의 2차적저작물에 해당하는지 여부 (O)

B청이 사용한 설계도서는 A의 등대 도안과 세부적인 표현방식이 다를 뿐 예정하고 있는 건축물의 전체적인 형상은 동일하므로 표현상의 본질적 동일성을 유지하고 있고, 이를 접하는 사람은 그 본질적인 특성을 느껴서 알 수 있으며, 이 사건 등대는 이러한 설계도서에 따라 건축되었으므로 B청이 건축한 등대 또는 B청이 등대를 건축함에 있어 사용한 건축설계도서는 A의 등대 도안의 2차적저작물에 해당한다고 할 것이다.

② A가 B청에게 등대 건축에 등대 도안의 이용을 허락하였는지 여부(O)

A는 여러 차례 B청으로부터 조형물 제작을 도급받아 이를 수행하였고, B청으로부터 개인 전시회 개최 기회를 제공받기도 하였으며, B청의 부탁에 응하여 아무런 대가도 요구하지 않고 여러 차례 이 사건 등대의 설계도안을 변경하여 B청에게 제공하였다. 이러한 제반 사정에 비추어 보면 A는 B청과의 긴밀한 협조와 신뢰관계에 터 잡아 B청에게 A의 등대 도안의 이용을 허락하였다고 봄이 상당하다.

③ A가 이 사건 등대의 제작을 맡을 것을 조건으로 B청에게 등대 도안의 이용을 허락하였는지 여부(X)

이 사건 등대의 건축공사는 건설산업기본법과 '국가를 당사자로 하는 계약에 관한 법률' 등의 관련 법령에 의해 일반 건설업 면허를 가지고 있는 업체를 대상으로 공개경쟁 방식으로 입찰을 실시해야 하는 사업인 점, A는 건설업 면허를 가지고 있지 않은 점 등 여러 사정에 비추어 볼 때, B청이 A에게 이 사건 등대의 시공권을 주기로 약속했다는 점을 인정하기에는 부족하고, 달리 이를 인정할 증거가 없다.

이 사건은 B청이 해운대 해수욕장 앞바다에 암초가 있어 선박 운행에 위험하다는 이유로 등대를 설치하는 계획을 수립하고, B청과 긴밀한 관계를 유지하던 A에게 특별한 대가 관계없이 해운대 해수욕장과 어울리는 조형 등대의 좋은 도안이 있으면 제공해 달라고 부탁하였고, 이에 A가 연필로 스케치한 등대 도안을 B청에게 교부하였다. 이후 APEC 정상회의의 부산 개최가 결정되고 해운대가 회의장소로 정해지자 B청은 위 설치하기로 계획한 등대를 APEC 기념 등대로 건축하기로 하여 A에게 이전에 스케치한 등대 도안을 보다 구체화시켜 달라고 부탁하였고, A는 B청에 3가지 등대 도안과 그 후 변경한 A의 등대 도안을 제공하였는데, 그 후 이 사건 등대 제작을 위해 선정된 D회사에 의해 이 사건 등대가 완성되면서 A와 B청 사이에 문제가 불거지게 된 것이다.

이에 A는 B청이 A의 허락 없이 건축저작물에 해당하는 A의 등대 도안을 기초로 이 사건 등대를 건축하였다는 등의 이유로 저작권 침해를 문제 삼았고, B청은 등대와 같은 건축물은 대략적인 등대의 모양을 구상하는 단계에서 시작하여 기본설계, 실시설계 등의 복잡한 과정을 거쳐 시공되므로 개략적인 등대의 모양만을 그린 데 불과한 A의 등대 도안은 건축저작물에 해당하지 않고, A는 B청이 이 사건 등대를 건축함에 있어 등대 도안의 무상 이용을 허락하였다고 항변하였다.

이와 관련하여 가장 먼저 생각해 보아야 할 점은 A의 등대 도안이 건축저작물에 해당하는지 여부이다. 만일 A의 등대 도안이 건축저작물에 해당하고 이 사건 등대가 A의 등대 도안을 토대로 시공된 것이라면 B청은 A의 등대 도안의 복제권을 침해할 여지가 있게 된다. 그러나 이에 대해 법원은 A의 등대 도안은 이 사건 등대 건축을 위한 대략적인 구상 단계로서 그것만으로는 실제 등대를 건축할 수 없으므로 이를 건축저작물로 볼 수는 없고, 단지 도형저작물이나 미술저작물에 해당한다고 판단했다. 더욱이 법원은 이 사건 등대는 A의 등대 도안을 토대로 시공된 것이 아니라 C가 작성한 설계도면을 기초로 설계된 것이고, 설령 A의 등대 도안이 건축저작물에 해당하더라도 A가 B청에게 A의 등대 도안의 이용을 허락했으므로, B청은 A의 등대 도안에 관한 A의 복제권을 침해한 것은 아니라고 판단했다.

그러나 법원은 B청이 건축한 이 사건 등대 또는 B청이 이 사건 등대를 건축함에 있어 사용한 건축설계도서는 A의 등대 도안과 비교해 보았을 때 그 전체적인 형상이 동일하여, A의 등대 도안의 2차적저작물에 해당한다고 판단했다. 따라서 B청은 A의 2차적저작물작성권을 침해하게 되는 것인데, 이에 대해 법원은 A와 B청간의 관계 및 A가 A의 등대 도안을 B청에게 제공한 경위 등을 종합해 볼 때, A는 B청에게 무상으로 A의 등대 도안의 이용을 허락한 것으로 볼 수 있으므로, B청은 A의 위 2차적저작물작성권 또한 침해한 것은 아니라고 판단했다.

이 사건에서 법원은 건축을 위한 모형 또는 설계도서는 거기에 표현되어 있는 건축물이 저작물로 인정될 수 있는 경우에 한하여 건축저작물로 인정될 수 있다고 판단하였다. 즉, 건축모형이나 설계도서라고 하여 그 모두가 건축저작물이 되는 것이 아니라 그것을 통해 건축될 건축물이 저작물성이 있는 경우에 한하여 건축저작물로 인정되는 것이고, 만일 그렇지 못한 경우에는 도형저작물이나 미술저작물로서만 인정될 수 있다는 것이다.

이는 건축모형 또는 설계도서에 따라 건축된 건축물의 저작권 침해 사건에서 그것이 건축저작물의 저작권 침해인지 아니면 도형저작물 또는 미술저작물의 저작권 침해인지를 결정짓는 중요한 판단 기준이 될 수 있을 것으로 생각된다.

2 전시권

저작자는 미술저작물 등의 원본이나 그 복제물을 전시할 권리를 가지고(저작권법 제19조), 여기서 말하는 전시는 '저작물이 화체되어 있는 유형물을 일반인이 자유로이 관람할 수 있도록 진열하거나 게시하는 것'을 의미한다.[55] 그리고 미술저작물 등이란 미술저작물, 건축저작물 또는 사진저작물을 말한다(저작권법 제11조 제3항).

---

55) 오승종, 저작권법(2009년), 453면

특히 전시권과 관련하여 문제가 될 수 있는 것은 미술저작물의 소유자와 그 저작권자가 다른 경우이다. 소유권과 저작권은 그 권리적인 측면에서 엄격하게 구별되는 개념이기 때문에, 미술저작물의 소유자라도 저작권자의 동의 없이 임의적으로 미술저작물을 전시할 수 없는 것이 원칙이다.

그러나 미술저작물은 일품제작(一品製作)의 형태로 만들어진다는 점에서 다른 저작물과는 다른 특징을 가지고 있고, 그 성질상 복제를 통한 이용보다는 원본의 전시를 통해 일반 공중이 향유할 수 있도록 하는 것이 일반적인 이용 형태이다. 따라서 미술저작물이 양도되어 저작자와 소유자가 달라지는 경우 그 이해관계를 조정할 필요가 있다.

이를 위해 저작권법은 미술저작물 등의 원본 소유자나 그의 동의를 얻은 자는 미술저작물 등의 저작권자의 허락 없이도 그 저작물을 전시할 수 있도록 규정하여(저작권법 제35조 제1항 본문) 미술저작물 저작권자의 전시권을 일부 제한하면서도, 저작권자의 권리가 지나치게 제한되는 것을 막기 위해 가로·공원·건축물의 외벽 그 밖에 공중에게 개방된 장소에 항시 전시하는 경우에는 미술저작물 저작권자의 동의를 얻어서 전시하도록 규정하고 있다(저작권법 제35조 제1항 단서).56)

---

56) 서울중앙지방법원 2008. 10. 17. 선고 2008가합21261 판결

〈지하철 벽화 무단 사용〉 사건[57]

A는 풍속화가, 조형예술가로 국내외에 널리 알려진 작가로서, 장생도 등 미술 작품(이하 '이 사건 원화'라고 함)을 제작하였다. B시(市)는 이 사건 원화가 새겨진 벽화(이하 '이 사건 벽화'라 함)가 설치되어 있는 약수역 등 건설공사의 사업주체이며, C공사는 B시로부터 위 각 역사를 현물출자 받아 이를 관리·운영하고 있는 공사이고, D회사는 위 각 역사를 설계하였던 회사이다.

그런데 D회사는 위 각 역사의 설계를 하면서 지하철역의 단조로움을 피하기 위하여 위 각 역사에 장식벽을 넣기로 하고, A의 동의나 승낙 없이 위 장식벽에 설치될 예술가의 작품으로 A의 이 사건 원화를 선정하여 설계도면에 베껴 그려 넣었다. 이후 E회사 등은 위 각 역사에 D회사의 설계도에 기초하여 이 사건 벽화를 시공하였다.

이 사건 벽화는 A의 이 사건 원화의 그 표현 대상, 표현 형태, 배치 및 기본적인 구도, 색상이 거의 동일하고, 위 각 역사 완공 이후 위 각 역사에서 계속 전시되었으며, C공사는 A로부터 이 사건 벽화가 이 사건 원화를 무단 사용한 것이라는 통지를 받은 뒤에도 이 사건 벽화를 계속 전시하였다. 이에 A는 B시 등을 상대로 자신이 저작권을 가지고 있는 이 사건 원화에 대한 저작권 침해를 이유로 한 손해배상 등 청구 소송을 제기하였다.

---

57) 서울중앙지방법원 2006. 5. 10. 선고 2004가합67627 판결

■ 저작재산권 침해 여부(O)

D회사는 이 사건 원화가 A의 작품임을 알고 있었으면서도 A의 동의나 승낙 없이 이 사건 원화와 실질적으로 비슷하게 이 사건 벽화를 설계하고, 시공사인 E회사 등에게 제공하여 위 시공사들에 의해 이 사건 벽화가 시공되도록 하고, 각 역사에서 전시되도록 하였으며, C공사는 A로부터 저작권 침해 통지를 받은 이후에도 위 각 역사에서 이 사건 벽화가 전시되도록 하였으므로, D회사와 C공사는 A의 저작재산권을 침해하였다고 할 것이다.

평 석

이 사건에서 법원이 A의 저작재산권 가운데 어떤 권리가 침해되었는지 구체적으로 설시하지 않고 뭉뚱그려 '저작재산권 침해'라고만 판단한 것은 바람직하지 않다고 생각된다. 이 사건에서 C공사 등이 침해한 A의 저작재산권을 구체적으로 나열해 보면, D회사는 이 사건 원화가 A의 작품인 점을 알면서도 이 사건 벽화를 설계하여 이를 시공사들에게 제공하여 이 사건 벽화를 시공하도록 한 후 이를 위 각 역사에 전시되도록 하였으므로, A가 이 사건 원화에 대해 가지는 복제권 및 전시권을 침해한 것이 되고, C공사는 그 이후 A로부터 이 사건 벽화가 A의 이 사건 원화의 저작권을 침해한 것임을 통지받고서도 계속 전시하였으므로, A의 이 사건 원화의 전시권을 침해한 것이라고 볼 수 있다.

3 공중송신권

저작자는 그의 저작물을 공중송신 할 권리를 가지고 있다(저작권법 제18조). 이를 공중송신권이라고 하는데, 여기서 말하는 공중송신이란 '저작물, 실연·음반·방송 또는 데이터베이스를 공중이 수신하거나 접근하게 할 목적으로 무선 또는 유선통신의 방법에 의하여 송신하거나 이용에 제공하는 것'을 말한다(저작권법 제2조 제7호). 이와 같이 공중송신권은 유·무선은 물론 방송 등을 통하여 공중에 대하여 송신하는 모든 형태의 이용 행위를 통제하는 권리를 의미한다. 이러한 공중송신은 방송·전송 및 디지털음성송신을 포괄하는 용어이기 때문에, 타인의 저작물을 무단으로 방송하거나 전송 또는 디지털음성송신을 하는 경우에는 '방송권, 전송권 또는 디지털음성송신권 침해'라는 표현을 사용해서는 안 되고, 이들 모두 공중송신권 침해라고 표현해야 한다.

한편, 방송·전송 및 디지털음성송신의 개념은 공중을 대상으로 한다는 점에서는 유사하지만, 방송은 지상파, 케이블, 위성, DMB방송을 포함하며 동시성을 갖지만 전송과는 달리 쌍방향성이나 주문형이 아닌 일방적 송신이고, 디지털음성송신은 동시성과 쌍방향성이지만 주문형이 아니라는 점에서 주문형인 전송과는 구별된다.

이하에서는 미술저작물이 공중송신권 가운데 전송권 및 방송권과 관련된 사례에 대해 살펴보도록 하겠다.

(1) 전송 관련

전송이란 '공중송신 가운데 공중의 구성원이 개별적으로 선택한 시간과 장소에서 접근할 수 있도록 저작물 등을 이용에 제공하는 것'을 말한다(저작권법 제2조 제10호). 따라서 공중이 접근할 수 있는 인터넷에 저작물을 업로드하여 두는 것만으로도 전송 행위가 될 수 있다.

전송권은 컴퓨터 통신 등이 급속하게 발달하자 컴퓨터 등에 의하여 저작물을 전송하는 경우에도 저작자의 이용 허락을 받도록 하기 위하여 2000. 1. 12. 개정 저작권법에서 최초로 도입되었고, 이후 2006. 12. 28. 개정 저작권법에 이르러 방송권, 전송권 및 디지털음성송신권을 총괄하는 개념으로 공중송신권이 신설되었다.

반면, 미술저작권자의 전시권, 복제권 등을 제한하는 저작권법 제35조의 규정은 1986. 12. 31. 개정 저작권법에 최초로 규정된 이래로 현재까지도 동일한 내용으로 남아 있다. 그렇다면 미술저작권자의 전시권, 복제권 등을 제한하는 위 저작권법 제35조의 규정이 그 규정 이후에 신설된 공중송신권에도 적용될 수 있을지가 문제된다.[58]

---

58) 서울중앙지방법원 2008. 10. 17. 선고 2008가합21261 판결

〈미술품 경매를 위한 홈페이지 게재〉 사건[59]

A 등은 미술 작품의 작가들이고, B회사 및 C회사는 미술품 판매업 및 전자상거래 사업 등을 하는 회사들이다.

B회사와 C회사는 작품 소유자들의 위탁을 받아 미술 작품들을 경매로 판매하고 있는데, 판매 위탁을 받아 작품의 경매일시가 정해지면 그들이 운영하는 홈페이지에 작품의 축소 이미지를 게시(약 64×100 픽셀 내지 99×100 픽셀의 범위 내에서 원본 작품의 약 1/20 내지 1/3 크기로 한 페이지 당 약 10개의 작품을 소개)하고 그 오른쪽 옆에 경매일시, 작가, 저작물의 크기, 작품 제목, 추정 가격 등을 간략하게 표시하여 경매 정보를 제공하며, 유료 회원들에게는 위와 같은 경매 정보가 수록된 도록을 제공한다.

B회사는 A 등 가운데 일부 작가들의 작품 소유자들로부터 판매 위탁을 받아 B회사가 운영하는 홈페이지에 일정 기간 그 축소 이미지를 게시하였고, C회사는 A 등 가운데 나머지 작가들의 작품들의 판매 위탁을 받아 C회사가 운영하는 홈페이지에 일정 기간 동안 그 축소 이미지를 게시하였는데, 그 가운데 일부 작품들은 이미 낙찰된 상태였다.

이에 A 등은 자신들의 동의 없이 그들의 작품들을 B회사 및 C회사(이하 'B회사와 C회사를 통칭하는 경우 'B회사 등'이라고 함)가 운영하는 홈페이지에 게재하는 것은 A 등이 작품들에 대해 갖고 있는 공중송신권을 침해하는 것이라고 주장하면서(책자 형태의 도록을 제공한 부분에 대해서는 문제 삼지 않음) 이에 대한 손해배상 청구 소송을 제기하였다.

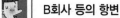

B회사 등의 항변

1) 저작권법 제35조 제3항에 해당한다!!

B회사 등은 작품 소유자들로부터 그 판매를 의뢰받고 이를 경매의 방법으로 판매하기에 앞서 그 작품들을 소개하고 그에 관한 경매 정보를 제공할 목적으로 홈페이지에 목록 형태의 축소 이미지 등을 게시한 것이므로, 이는 저작권법 제35조 제3항(전시를 하는 자 또는 미술저작물 등의 원본을 판매하고자 하는 자는 그 저작물의 해설이나 소개를 목적으로 하는 목록 형태의 책자에 이를 복제하여 배포할 수 있다)에 의하여 허용된다.

2) 저작권법 제28조에 해당한다!!

A 등의 작품들은 공표된 저작물로서 저작권법 제28조에 의하여 정당한 범위 안에서 공정한 관행에 합치되게 인용하는 것이 가능한데, B회사 등이 홈페이지에 작품 소개를 위하여 저작물을 게시하는 것은 저작물의 공정한 이용에 해당한다.

---

59) 서울중앙지방법원 2008. 10. 17. 선고 2008가합21261 판결

■ B회사 등이 A 등의 공중송신권(그 가운데 전송권)을 침해하는지

1) 미술저작물 경매를 위해 그 미술저작물을 경매 사이트에 게시하는 것이 저작권법 제35조 제3항에 의하여 허용되는지 여부

① 미술저작물 저작자의 전시권, 복제권 등 제한(저작권법 제35조 제3항)

저작권법 제35조 제3항에서는 '미술저작물 등의 원본을 판매하고자 하는 자는 그 저작물의 해설이나 소개를 목적으로 하는 목록 형태의 책자에 이를 복제하여 배포할 수 있다'고 규정하여, 미술저작물 등의 원본 소유자나 이를 판매하고자 하는 자에게 일정한 범위의 권리를 허용하고 있다.

이는 미술저작물이 양도 등에 의하여 저작권자와 소유자가 달라진 경우, 소유자가 미술저작물을 판매하기 위한 홍보물 등을 제작하기 위해 저작권자의 동의를 필요로 한다면 소유권이 지나치게 제한되어 불합리하고, 미술저작물의 유통성이나 상품 가치를 떨어뜨릴 수 있기 때문에 미술저작물의 원본 소유자 혹은 그로부터 그 판매를 위탁받은 자가 수요자들에게 그 저작물을 소개할 수 있도록 하기 위하여 소유자 등에게 일정한 범위의 복제권을 허용하고 있는 것이다.

② 미술저작물 저작자의 공중송신권 제한 여부(저작권법 제35조 제3항 유추적용 여부)(O)

저작권법상 공중송신은 '저작물, 실연·음반·방송 또는 데이터베이스를 공중이 수신하거나 접근하게 할 목적으로 무선 또는 유선통신의 방법에 의하여 송신하거나 이용에 제공하는 것(저작권법 제2조 제7호)'을 말하고, 그 가운데 전송권은 '공중송신 가운데 공중의 구성원이 개별적으로 선택한 시간과 장소에서 접근할 수 있도록 저작물 등을 이용에 제공하는 것 및 그에 따라 이루어진 송신을 포함하는 것(저작권법 제2조 제10호)'을 의미한다.

전송권은 컴퓨터 등이 급속하게 발달하자 컴퓨터 통신 등에 의하여 저작물을 전송하는 경우에도 저작자의 이용 허락을 받도록 하기 위하여 2000. 1. 12. 법률 제6134호로 개정된 저작권법에서 최초로 도입되었고, 이후 2006. 12. 28. 법률 제8101호로 개정된 저작권법에 이르러 방송권, 전송권 및 디지털음성송신권을 총괄하는 개념으로 공중송신권이 신설되었다.

반면, 미술저작권자의 전시권, 복제권 등을 제한하는 저작권법 제35조의 규정은 1986. 12. 31. 법률 제3916호로 개정된 저자권법에 최초로 규정된 이래 동일하다. 그렇다면 미술저작권자의 전시권, 복제권 등을 제한하는 저작권법 제35조의 규정이 위 규정 제정 이후 신설된 공중송신권에도 적용될 수 있을지가 문제된다. 저작권법 제35조 제3항은 그 제정 당시 미술저작물을 온라인으로 판매하거나 이를 홍보하는 형태에 관하여 미처 고려하지 못하였을 것으로 보이는 점과 위 조항의 의미 등을 종합할 때, 위 조항은 미술저작물 등의 공중송신권에 유추·적용할 수 있다고 봄이 상당하다.

따라서 '저작물의 해설이나 소개를 목적으로 하는 목록 형태의 것'을 책자로 제작하는 경우와 같이 이를 홈페이지에 게시하는 것도 저작권법 제35조 제3항에 의하여 허용된다 할 것이다.

③ 제한의 정도

저작권법 제35조 제3항에 의하여 제한되는 저작권자의 공중송신권의 정도는 그 입법취지에 따라 최소한이 되어야 할 것이다.

구체적으로 ① 인터넷에 게시하는 전송 행위는 1회 제작으로 종료되는 서적 형태의 도록(圖錄) 등을 제작하는 경우에 비하여, 상당히 지속적이고 전파 가능성도 훨씬 커 판매가 완료된 이후에도 저작물을 계속 게시하는 것은, 저작물의 판매를 위해 그 저작물의 해설이나 소개를 목적으로 하는 경우에만 허용되는 위 규정의 명문에 비추어 허용될 수 없고, ② 제공되는 이미지의 해상도 및 파일의 크기에 있어서도 마치 복제화를 제공하는 것과 같은 정도의 고도의 해상도나 크기를 갖는 파일을 제공하는 것은 원저작물에 관한 정보 제공이라는 목적을 넘어서는 결과에 이르러 마찬가지로 허용될 수 없다.

2) 이 사건의 경우

① B회사 등이 A 등의 작품들의 경매를 위해 홈페이지에 게시하는 행위의 허용 여부(O)

B회사 등이 A 등의 작품들을 홈페이지에 게시한 행위는 A 등의 작품들의 판매를 위한 것으로서 허용된다 할 것이다.

B회사 등이 홈페이지에 게시한 A 등의 작품의 해상도가 단순한 작품 소개의 정도를 넘어 작품 감상의 목적에 제공될 수 있을 정도에 해당하는지에 있어서, 미술저작물의 판매를 위하여 수요자들에게 그 정보를 제공하는 경우에 있어서는 최소한 그 작품의 색채, 심미감 등을 개략적으로 알 수 있을 정도의 해상도를 지원하는 것이 필수적이라 할 것이고, 다만, 그와 같은 정도를 넘어 사실상 복제화를 제공하는 정도에 이르렀다면 이는 저작권자의 권리를 지나치게 제한하는 것으로 허용될 수 없을 것이다.

그런데 B회사는 약 6,400화소 내지 9,900 화소의 해상도를 갖는 축소 이미지를, C회사는 약 3,800 화소 내지 6,400 화소의 해상도를 갖는 축소 이미지를, 한 페이지 당 약 10개의

작품을 게시하여 제공하고, C회사의 경우 위 축소 이미지를
더블 클릭할 경우 약 24만 화소 내지 48만 화소의 해상도를
갖고, 미술저작물 원본 크기의 약 20분의 1 내지 3분의 1 크
기를 갖는 확대 이미지를 제공한 정도는, 서적 형태의 목록
에 실리는 작품의 이미지의 경우에도 최근 디지털 사진기의
발달 등으로 최소한 100만 화소 이상의 해상도로 제작되리
라 보이는 점 등에 비추어 볼 때, 작품에 대한 정보 제공의
정도를 넘어 복제화를 제공하였다고 인정되지는 않는다.

② B회사 등이 A 등의 작품들의 판매 완료 이후 홈페이지에 계속 게
　시하는 행위의 허용 여부(X)

A 등의 작품들은 낙찰일에 이미 판매가 완료되었음에도 일
정 기간 B회사 등의 홈페이지에 게시되어 있었는데, 이 부
분은 A 등의 공중송신권을 침해하는 것에 해당한다.

한편, 저작권법 제28조는 보도·비평·교육·연구 등을 위하
여 공표된 저작물을 인용하는 것에 관한 규정으로 상업적
목적으로 저작물을 인용하는 경우는 이에 해당하지 아니하
고, 저작권법 제1조의 '저작물의 공정한 이용'은 일반조항
으로서, 그 규정에서 미술저작권자의 공중송신권을 제한할
수 있는 구체적인 권리를 바로 도출하기는 어렵다.

평 석

이 사건은 미술저작물의 경매를 위하여 미술저작물의 판매
를 위탁받은 자가 그 미술저작물에 관한 정보를 인터넷 홈
페이지에 게재하는 것이 그 미술저작권자의 공중송신권을
침해하는지와 관련하여 저작권법 제35조 제3항을 유추 적
용 여부가 쟁점이 된 사건이었다. 즉, 앞서 본 바와 같이, 저
작권법 제35소 제3항은 미술저작물의 원본을 판매하고자 하
는 자는 그 미술저작권자의 허락 없이도 그 미술저작물의
해설이나 소개를 목적으로 하는 목록 형태의 책자에 해당
미술저작물을 복제하여 배포할 수가 있는데, 미술저작물의
경매를 위해 그 미술저작권자의 허락 없이 미술저작물의 판
매 위탁을 받은 자가 그가 운영하는 인터넷 홈페이지에 그
미술저작물에 관한 경매 정보를 게재하는 것도 위 규정을
유추 적용하여 허용될 수 있는지가 이 사건의 쟁점이었다.

이에 대해 법원은 일반적으로는 저작권법 제35조 제3항이
유추 적용되어 허용되지만, 미술저작물의 판매 완료 이후의
미술저작물 인터넷 게재행위와 판매 완료 이전이라도 고도
의 해상도나 크기를 갖는 미술저작물 파일을 게재하는 행위
는 허용의 한계를 넘는 것이라고 판단하였다.

그러나 저작권법 제35조 제3항에는 복제와 배포에 관해서
만 규정하고 있을 뿐, 전송에 관해서는 별도의 규정을 두고
있지 않고, 위 조항의 신설 이후에 저작권법 개정이 여러 차

례 있었음에도 불구하고, 위 조항에 전송에 관한 부분을 신설하지 않는 점 등을 종합해 볼 때, 위 조항에 전송을 포함시키지 않은 것은 저작권자 보호를 위한 입법자의 결단으로 봄이 상당하므로, 이를 입법의 불비(不備)라고 보기는 어려워 보인다. 따라서 저작권법 제35조 제3항에 미술저작물의 경매를 위해 인터넷 사이트에 미술저작물을 복제하여 전송하는 행위까지 위 조항을 유추 적용하는 것은 타당하지 않다고 생각된다.

한편, 저작권법 제35조 제3항에 관한 위와 같은 입법자의 결단으로 미루어 볼 때, 미술저작물의 복제본을 경매 홈페이지 등 인터넷 사이트에 게재하는 것이 저작권법 제28조 또는 2011년 개정 당시 신설된 저작권법 제35조의3(저작물의 공정한 이용)에 해당한다고 보기도 어려울 것으로 생각된다.

(2) 방송 관련

방송이란 '공중송신 가운데 공중이 동시에 수신하게 할 목적으로 음·영상 또는 음과 영상 등을 송신하는 것'을 말한다(저작권법 제2조 제8호). 이러한 저작권법 규정에 비추어 볼 때, 타인의 미술저작물과 실질적으로 동일하거나 유사한 미술품을 만들어 방송프로그램에 출연하여 이를 자신의 작품으로 소개한 것이 저작권자의 공중송신권(방송)을 침해하는 것인지 여부에 대해 살펴보도록 하겠다.

〈모방 공예품 방송 출연〉 사건[60]

A는 금계, 은계, 황금계, 백한, 공작새 등 새의 깃털을 사용하여 꽃, 나비, 새 모양으로 된 핀, 공작 모양으로 된 부채, 깃털 모양의 볼펜 등 공예품을 제작하는 사람이다. A는 도서를 출간하면서 책 상·하권 앞 쪽에 자신의 공예품(이하 'A의 각 공예품'이라고 하고, 각 공예품은 'A의 O번 공예품'이라는 방식으로 칭함) 사진을 수록했다. 그 가운데에는 A의 3, 6, 13, 17, 19번 공예품과 동일한 것으로 보이는 사진이 있고, 그 외는 모양, 색깔 등이 다르다.

B는 새의 깃털을 사용하여 공예품(이하 'B의 각 공예품'이라고 하고, 각 공예품은 'B의 O번 공예품'이라는 방식으로 칭함)을 만들어 왔고, 지인의 소개로 '순간포착 세상에 이런 일이'라는 프로그램의 '깃털 공예 편'에 출연하여 자신의 공예품을 소개하였다.

B는 A가 운영하는 금계 농장 부근에서 야생화 농장을 운영하면서 A와 자주 왕래해 온 이웃으로 A의 공예품에 관심을 보이며 A에게 제작기법 등에 관하여 문의한 적이 있었다.

A는 자신의 깃털 공예품을 판매하는 등의 방법으로 상업적으로 이용하고 있지는 않고, B 또한 B가 만든 공예품을 출판, 전시하거나 판매한 적은 없다.

A는 B가 A의 각 공예품과 동일하거나 유사한 B의 각 공예품을 복제 등을 함으로써 A의 저작권을 침해하였다는 이유로 B를 상대로 손해배상 청구 소송을 제기하였다.

---

60) 춘천지방법원 강릉지원 2012. 7. 24. 선고 2011나1801(본소), 2011나1818(반소) 판결

■ A의 각 공예품이 저작권법에 의해 보호되는 저작물에 해당하는지 여부(O)

① A는 금계, 은계, 황금계, 공작새 등의 깃털을 세척하고 말려 솜털을 분리하거나 색상별로 분리한 다음, 가위와 접착제를 사용하여 오려 붙이는 방법으로 A의 각 공예품을 제작하였는데, A의 각 공예품은 깃털의 종류, 색깔, 배열과 깃털을 붙이는 방향에 따라 각기 다른 형태를 가지는 점, ② A의 각 공예품은 새의 깃털이라는 소재가 주재료로 쓰이나 여기에 A의 정신적 노력이 가미되어 다른 저작자의 작품들과 구별될 정도의 창조적 개성이 드러난다고 보이는 점 등에 비추어 보면, B가 지적하는 여러 사정 즉, 인류가 오랜 세월 깃털로 장신구나 생활용품을 만들어 왔다는 점, A가 처음으로 깃털 공예를 한 것은 아니라는 점, 공예품과 주재료가 깃털이라는 자연물로 사용되는 깃털에 따라 비슷한 색깔과 무늬를 띨 수밖에 없다는 점 등에도 불구하고, A의 각 공예품은 저작권법에 의해 보호되는 저작물이라고 봄이 상당하다.

■ A의 각 공예품(1번 ~ 20번)과 B의 각 공예품(1번 ~ 20번)의 비교(동일성·유사성 여부 판단)

A·B의 각 공예품이 가지는 창작성은 근본적으로 깃털의 종류, 색깔과 배열, 깃털을 붙인 형태에서 오는 시각적 아름다움으로 드러나는데, A·B 모두 별도의 염색 과정을 거치지 않고 자연에서 얻은 깃털 그대로를 재료로 사용하였으므로,

창작성이 있는 표현 부분이라고 할 수 없는 깃털 그 자체의 색깔이나 형태 부분은 A·B의 각 공예품이 실질적으로 유사한지를 판단함에 있어 고려대상이 아니다. 이러한 점을 고려하여 A의 각 공예품과 B의 각 공예품의 실질적 유사성을 보면, A의 각 공예품 가운데 A의 1, 2, 3, 7, 16번 공예품과 B의 1, 2, 3, 7, 16번 공예품은 실질적으로 동일하거나 유사하고, 나머지는 실질적으로 유사하지 않다.

■ B가 A의 각 공예품과 실질적으로 동일하거나 유사한 공예품을 만들어 방송프로그램에 출연하여 이를 자신의 작품으로 소개한 것이 저작권법상 보호되는 어떤 권리를 침해하는지(공중송신권–방송)

B는 A의 각 공예품 가운데 A의 1, 2, 3, 7, 16번 공예품과 실질적으로 동일하거나 유사한 제품을 복제(B의 1, 2, 3, 7, 16번 공예품, 이하 'B의 복제품'이라고 함)하여 소장하면서 방송에 출연하여 임의로 이를 공중송신하였다고 할 것이고, 이는 저작권법상 보호되는 A의 복제권과 공중송신권을 침해하는 행위라고 할 것이다.

평석

이 사건은 타인의 저작물을 모방한 복제품을 방송프로그램에 출연하여 소개하는 것은 먼저 그 모방 자체가 복제권을 침해하는 것이고, 이러한 복제품을 가지고 방송에 출연하는 것은 공중송신권을 침해하게 되는 것이다.

｜3｜
저작인격권

타인에 의해 저작권의 침해를 받은 저작자는 그 타인에 대하여 저작재산권뿐만 아니라 저작인격권에 기한 손해배상도 청구할 수 있다. 이와 같이 저작인격권은 저작자가 자신의 저작물에 대하여 가지는 인격적인 권리로서 저작권법에서는 이를 저작재산권과는 별도로 규정하고 있고, 그 종류로는 공표권, 성명표시권 및 동일성유지권이 있다. 이러한 저작인격권은 저작자에게만 인정되는 일신전속적인 권리여서 비록 저작자가 저작재산권을 양도했더라도 저작인격권은 여전히 저작자에게 귀속되는 것이므로, 저작자가 자신의 저작물에 관한 권리를 양도한 후라도 제3자에 의해 저작인격권이 침해되면, 저작자는 그 제3자에 대해 저작인격권의 침해를 주장할 수 있다.

이와 같이 저작인격권은 저작자에게만 귀속되는 고유의 권리로서 개별사안의 저작권 침해 유형에 따라 그 인정 여부가 달라질 수는 있지만, 실무에서는 일반적으로 저작재산권 침해와 더불어 저작인격권 침해에 대한 손해배상을 함께 청구하고 있으며, 법원도 저작재산권의 침해에 따른 손해배상 액이 소액이라는 점을 감안하여 저작인격권의 침해를 어렵지 않게 인정하면서 저작권 침해에 따른 전체적인 손해배상 액을 산정함에 있어 저작인격권 침해에 따른 손해배상액을 중요한 고려 요소로 참작하고 있다.

한편, 법인은 법인의 기획 하에 법인의 업무에 종사하는 사람이 업무상 작성하는 업무상저작물의 저작자가 될 수 있기 때문에 법인도 저작인격권의 주체가 될 수 있다.[61]

1 공표권

저작자는 그의 저작물을 공표하거나 공표하지 아니할 것을 결정할 권리 즉, 공표권을 가지고 있고(저작권법 제11조 제1항), 여기서 공표라 함은 '저작물을 공연·공중송신 또는 전시 그 밖의 방법으로 공중에게 공개하는 경우와 저작물을 발행하는 경우 즉, 저작물을 공중의 수요를 충족시키기 위하여 복제·배포하는 것'을 말한다(저작권법 제2조 제25호).

저작권법에서 저작인격권의 하나로 공표권을 규정하고 있는 이유는 자신의 저작물을 세상에 알리지 않고 자신만 간직하고 싶거나 특정인에게만 공개하기를 원하는 경우, 그와 같이 저작자의 지극히 사적인 측면을 보호해 주기 위함이다.

---

61) 서울중앙지방법원 2008. 3. 13. 선고 2007가합53681 판결

이와 같이 공표권은 미공표의 저작물을 공표할 것인지 여부, 공표를 할 경우 언제 어떠한 형태나 방법으로 할 것인지를 결정하는 권리를 의미한다. 이와 관련하여 앞서 본 〈지하철 벽화 무단 사용〉 사건에서 법원은 "공표권은 그 성질상 미공표된 저작물에 대하여만 인정 된다"라고 판시함으로써 공표된 저작물에 대해서는 공표권 침해가 문제되지 않는다는 취지로 판단하였다.

그런데 대부분의 저작권 침해는 공표된 저작물을 무단으로 복제하는 등의 형태로 이루어지기 때문에 공표권의 침해 여부가 문제되는 경우는 거의 없다. 왜냐하면 미공표된 저작물의 저작권 침해가 문제되는 경우는 그 저작물의 공표 이전에 저작권자가 가까운 지인 등에게 보여 주고 그 지인 등이 그 저작물의 복제품 등을 무단으로 이용하는 등 극히 제한적인 경우에만 발생하기 때문이다.

바로 앞서 본 〈모방 공예품 방송 출연〉 사건에서도 법원은 B가 저작권을 침해한 A의 공예품 가운데 3번 공예품만이 A의 책을 통해 공표되었고 다른 공예품은 공표된 적이 없기 때문에(B에게 소개하거나 가까운 지인에게 알린 것만으로는 저작권법에서 말하는 공표라고 보기 어렵다), 3번 공예품을 제외한 위 나머지 A의 공예품들에 대해서는 A의 공표권 침해를 인정하였다.

<h1 style="text-align:center">〈전시 부스〉 사건[62]</h1>

A회사는 전시장 부스 공사 및 건설업, 디자인업 등을 영위하는 회사이고, B회사는 바이오 관련 제품 제조 및 판매업 등을 영위하는 회사이다.

B회사는 박람회에 참여하기 위한 전시 부스 설치가 필요했고, 이에 A회사 등 4개 업체들로부터 디자인 시안 및 견적서를 제출받았고, A회사도 디자인 시안(이하 '이 사건 디자인 시안'이라고 함)과 견적서를 B회사에 제출하였다.

그 후 B회사는 C회사를 전시 부스(이하 '이 사건 전시 부스'라고 함) 설치 업체로 선정하여 전시 부스를 제작·설치하여, 박람회장에서 이 사건 전시 부스를 운영하였다. 이와 관련하여 A회사는 B회사가 설치하여 운영한 이 사건 전시 부스는 A회사가 B회사에 제출한 이 사건 디자인과 실질적으로 동일하거나 비슷하다는 이유로 B회사를 상대로 하여 손해배상 청구 소송을 제기하였다.

■ 이 사건 디자인 시안의 저작물성 여부(O)

이 사건 디자인 시안은 예술성보다는 박람회 전시용이라는 특별한 기능을 주된 목적으로 하는 기능적 저작물에 해당하고, 동종업계에서 원형의 출입구 및 천장을 다양하게 변용하여 전시 부스를 제작·전시하는 사실을 인정할 수는 있으나, 다른 한편으로 유사한 형태의 원형 전시 부스라도 제

---

62) 서울고등법원 2016. 6. 2. 선고 2016나2005779 판결

작자에 따라 벽·기둥·상판 등의 배치, 색상의 선택 및 조합 등에서 그 창조적 개성이 드러나므로, 이 사건 디자인 시안은 A회사의 정신적 노력의 소산으로 저작권법에서 보호 대상으로 하는 저작물에 해당한다고 봄이 타당하다.

■ 저작권의 침해 여부

1) 실질적 유사성 여부(O)

이 사건 디자인 시안과 이 사건 전시 부스는 2개의 원형 고리로 이루어진 상판과 원형이면서 개방된 형태의 벽체, 원형의 출입구, 흰색 바탕과 푸른색 테두리의 색상 조합, 내부에 중층으로 구성된 원형 중앙 상품 진열대, 스크린의 배치 등이 실질적으로 유사함을 인정할 수 있다.

2) 저작재산권 가운데 복제권, 전시권 침해 및 저작인격권 가운데 공표권 침해

① B회사의 직원 D가 C회사의 담당자에게 A회사를 비롯한 나머지 입찰업체의 디자인 시안을 보여주며 천장 또는 원형으로 전시 부스를 제작하여 달라고 요구한 점, ② D가 보여준 디자인 시안 가운데 이 사건 디자인 시안만이 원형으로 구성된 디자인이었던 점, ③ C회사의 담당자가 D의 여러 차례에 걸친 수정 요구에 따라 디자인을 변경하였고, 그에 따라 최종적으로 이 사건 전시 부스를 제작·전시하게 된 점,

④ C회사가 B회사에 최초 제출하였던 디자인 시안은 사각형으로 이 사건 전시 부스의 디자인과 매우 상이한 점 등을 고려하면, D는 A회사가 제작한 이 사건 디자인 시안 파일을 보관하고 있음을 기화로 A회사의 허락 없이 이를 도용하여 이 사건 전시 부스를 제작·전시토록 하여 A회사의 저작재산권 가운데 복제권, 전시권 및 저작인격권 가운데 공표권을 침해하였다고 봄이 타당하다.

평석

전시 부스의 저작물성과 관련하여 이 사건 법원은 비록 그것이 기능적 저작물에 해당하더라도, 그것의 기능적인 측면이 아닌 미적인 측면에서 작성자의 창조적 개성이 드러난다면 저작권법상 보호받는 저작물로 인정받을 수 있다고 판단하여, 이 사건 디자인 시안의 저작물성을 인정했다.

그리고 침해되는 저작권의 종류와 관련하여 이 사건의 1심 법원은 단순히 '저작재산권 및 저작인격권을 침해하였다'라고 설시하였으나, 2심 법원에서는 침해되는 저작재산권 및 저작인격권을 특정하여 '저작재산권 가운데 복제권, 전시권 및 저작인격권 가운데 공표권을 침해하였다'라고 설시하였다. 이처럼 저작권 침해 사건에서는 침해되는 저작권이 저작재산권인지 아니면 저작인격권인지 그리고 더 구체적으로 저작재산권과 저작인격권 가운데 어떤 권리가 침해되었는지를 특정해서 주장·입증해야 한다.

2 성명표시권

저작자는 저작물의 원본이나 복제물, 또는 저작물의 공표 매체에 그의 실명 또는 이명을 표시할 권리 즉, 성명표시권을 가진다(저작권법 제12조 제1항). 그러나 저작물의 성질이나 이용 목적 및 형태 등에 비추어 부득이하다고 인정되는 경우에는 저작자의 성명을 표시하지 않을 수도 있다(저작권법 제12조 제2항 단서).

성명표시권은 자신이 창작한 저작물에 관하여 사회적인 평가를 받게 되는 저작자의 인격적인 문제와 관련된 것이기 때문에, 저작권법은 이를 저작인격권의 하나로 규정하고 있다.

성명표시권은 저작자명을 표시할지, 표시를 할 경우 저작자의 실명을 표시할 것인지 예명 등을 표시할 것인지를 결정하는 권리로서, 이에 관한 모든 결정은 저작자만이 할 수 있다. 저작인격권은 저작재산권과는 달리 일신전속적인 권리로서 이를 양도하거나 이전할 수 없는 것이기 때문에, 비록 그 권한 행사에 있어서는 이를 대리하거나 위임하는 것이 가능하다 할지라도 이는 어디까지나 저작인격권의 본질을 해하지 않는 한도 내에서만 가능하다. 따라서 저작자가 저작재산권을 타인에게 양도했더라도, 저작인격권에 해당하는 성명표시권은 여전히 저작자에게 남아 있는 것이므로, 당해 저작물의 저작자명은 저작자의 의사에 따라 기재해야 하고, 특별한 사정이 없는 한 저작자의 성명 등을 표시해야 한다.

〈김치 냉장고 디자인 패턴〉 사건[63]

A는 대학원에 재학 중인 디자이너로서 디자인 용역업체를 운영하면서 B회사의 의뢰에 따라 가전제품 등에 적용되는 패턴디자인을 제작하여 제공하는 단기용역을 수행하다가, B회사와 김치 냉장고에 적용될 디자인 개발용역 계약(이하 '이 사건 계약'이라고 함)을 체결하였다.

이 사건 계약에는 'A가 이 사건 계약을 수행한 결과 발생한 지적재산권 등 제반 권리는 B회사에게 귀속하고, 이를 출원 및 등록할 경우 B회사의 명의로 하며, 이 사건 계약의 수행으로 발생되는 모든 지적재산권에 대해 지체 없이 B회사에게 그 내용을 통지하여야 하고, 이 사건 계약 이전에 A가 개발하여 소유한 지적재산권 가운데 이 사건 계약과 관련된 지적재산권으로 B회사가 이 사건 계약 이후에 개발결과물을 실시하는 것에 제약하지 않는다'라고 명시되어 있다.

A는 3가지 디자인(이하 '이 사건 각 디자인'이라고 함)을 제작하여 이를 B회사에 파일로 전송했다. 그런데 B회사는 이 사건 김치 냉장고 신제품을 발표하면서, 이 사건 김치 냉장고에 적용된 디자인 패턴을 영국의 유명디자이너가 제작한 것이라고 발표하고, 그와 같은 내용이 표시된 카탈로그를 제작·배포하였으며, 이 사건 김치 냉장고에 관한 인터넷 광고에도 같은 내용을 표시하였다.

이에 A는 B회사의 위와 같은 행위는 A의 저작인격권 가운데 성명표시권을 침해하는 행위라는 이유로, B회사를 상대로 하여 저작권 침해에 따른 손해배상 청구 소송을 제기하였다.

■ 이 사건 각 디자인의 저작물성 여부(O) 및 저작인격권의 귀속 주체(A)

이 사건 각 디자인은 A의 창작물이라 할 것이므로, 이 사건 각 디자인에 관한 저작인격권인 성명표시권은 일신전속적으로 A에게 귀속된다.

■ A의 성명표시권 침해 여부(O)

B회사가 이 사건 각 디자인과 실질적으로 동일한 디자인을 이 사건 김치 냉장고에 적용하면서 A의 동의 없이 그 디자인의 제작자가 영국의 유명 디자이너인 것처럼 발표하고, 이를 인터넷 광고 및 카탈로그에 표시한 것은 이 사건 각 디자인에 관한 A의 성명표시권을 침해한 것이다.

평 석

이 사건은 B회사가 이 사건 계약에 따라 작성된 이 사건 각 디자인의 제작자를 A가 아닌 영국의 유명디자이너로 인터넷 광고 등을 한 것에 대해 A가 성명표시권 침해를 이유로 한 손해배상 청구소송을 제기한 사안이다. 이 사건에서 A가 저작재산권 침해에 대해서는 주장하지 않았는데, 이는 이 사건 계약에 따라 이 사건 각 디자인의 저작재산권은 B회사에

---

63) 서울서부지방법원 2011. 10. 28. 선고 2011가합1408 판결

게 귀속되는 것으로 약정하였기 때문이다. 따라서 A는 일신전속적인 권리인 저작인격권 가운데 그가 침해당한 성명표시권 침해에 대해서만 주장하였다.

한편, 이 사건 각 디자인은 제품에 반복적으로 복제되는 응용미술이므로 그것이 응용미술저작물에 해당하여 저작권법상 보호를 받는 저작물에 해당하는지 여부를 판단하기 위해서는 먼저 그 이용된 물품인 김치 냉장고와 구분되는 독자성이 있는지 여부를 판단하는 것이 일반적인데, 이 사건에서 법원은 이에 대해 별도의 판단 없이 이 사건 각 디자인의 저작물성을 인정했다는 점이 특이하다.

3 동일성유지권

저작자는 그의 저작물의 내용·형식 및 제호의 동일성을 유지할 권리 즉, 동일성유지권을 가진다(저작권법 제13조 제1항). 동일성유지권은 저작자의 저작재산권 가운데 하나인 2차적저작물작성권과 밀접한 관련성이 있다. 원저작물의 변경 등을 통해 새롭게 창작되는 2차적저작물을 작성함에 있어서는 항상 동일성유지권의 문제가 필연적으로 수반될 수밖에 없다.

따라서 2차적저작물작성자가 저작자로부터 2차적저작물을 작성하는 것에 관한 동의를 받은 경우라면 동일성유지권 침해 문제는 발생하지 않겠지만, 이러한 경우라도 원저작물의 본질적인 부분까지 개변해서는 안 된다. 이에 반해 2차적저

작물작성자가 저작(권)자로부터 2차적저작물 작성에 관한
동의를 받지 않은 경우라면, 저작(권)자가 가지는 저작재산
권 가운데 하나인 2차적저작물작성권 침해는 물론이고 이와
더불어 저작자의 동일성유지권 또한 침해하게 된다.

미술저작물과 관련해서는 앞서 본 〈지하철 벽화 무단 사용〉
사건에서와 같이, 연작 작품 가운데 일부만을 복제하거나
작가가 의도하지 않은 방식으로 제작하는 경우 또는 작품의
위·아래를 거꾸로 제작하여 작가의 작품 의도를 훼손하는
경우 등도 동일성유지권을 침해하는 경우에 해당한다.

앞에서 살펴본 〈도리산역 벽화 철거〉 사건의 경우, 여기에서
는 벽화를 떼어낸 후 소각하여 폐기한 것이 벽화 저작자의
벽화에 대한 동일성유지권을 침해하는 것인지에 대해 자세
히 살펴보도록 하겠다.

■ 통일부의 행위가 A의 동일성유지권을 침해하는 것인지 여부(X)

통일부가 이 사건 벽화를 떼어낸 후 소각하여 폐기한 것은
이 사건 벽화의 소유권자로서의 권능을 행사한 것이라고 보
아야 하고, 이에 대하여 이 사건 벽화의 저작권자인 A가 동
일성유지권을 주장할 수는 없다고 보아야 한다. 즉, A가 저
작물 원본에 대한 소유권을 통일부에 양도하고 이에 대한
대가를 지급받은 이상, 그 저작물이 화체된 유형물의 소유
권자인 통일부의 처분 행위를 제한할 법적 근거가 없으며,

특별한 사정이 없는 한 저작권법상 동일성유지권이 보호하는 '저작물의 동일성'은 저작물이 화체된 유형물 자체의 존재나 귀속에 대한 것이 아니라 그 저작물의 내용 등을 대상으로 하는 것이라고 해석할 수밖에 없다.

만일 저작인격권자가 저작물 원본의 소유권 양도 후에도 동일성유지권을 유보하고 소유권의 행사에 대하여 언제라도 이를 추급할 수 있게 한다면, 저작물의 소유권자로 하여금 저작물 보유에 대한 예측할 수 없는 과도한 부담을 갖게 하여 오히려 저작물의 원활한 유통을 저해함으로써 저작권자의 권리를 해할 우려도 있다.

그리고 통일부가 이 사건 벽화를 철거하는 과정에서 손상한 행위, 절단한 행위, 방치하여 추가로 손상한 행위는 개별적으로 나누어 보면 동일성유지권 침해를 구성할 여지도 있으나, 그 궁극적인 폐기 행위를 저작인격권의 침해로 볼 수 없는 이상, 위 손상, 절단 등의 행위는 폐기를 위한 전 단계 행위로서 그 폐기 행위에 흡수되어 별도의 저작인격권 침해를 구성하지 않는다고 보아야 할 것이다.

그리고 베른협약 제6조의2 저작물에 대한 '기타의 침해'에 공공장소에 설치된 미술 작품의 철거 행위가 포함된다는 A의 주장을 인정할 아무런 근거가 없고, 위 협약의 규정이 직접 이 사건에 적용된다고 볼 수도 없다(위 협약에서는 저작인격권의 보호를 '보호가 주장되는 국가'의 입법에 맡기고 있다).

미술저작물을 철거할 때에는 그 전 단계로 손상, 절단 등의 행위가 필수적으로 동반된다. 따라서 그 각각의 행위만 보면, 미술저작물 저작자의 동일성유지권을 침해한다고 볼 여지도 있으나, 미술저작물 소유권자가 그 미술저작물을 철거하는 그 전체적인 행위는 미술저작물의 소유권에 기한 행사로써 저작자의 동일성유지권 침해와는 무관하기 때문에 미술저작물 철거에 수반되는 각각의 행위도 동일성유지권 침해라고 볼 수는 없다 할 것이다. 만일 이러한 미술저작물 철거행위를 저작자의 동일성유지권 침해로 구성한다면, 미술저작물의 소유권을 취득한 소유권자 입장에서는 그 미술저작물의 처분에 관해 저작자의 동의를 받아야 하는 불합리한 상황이 발생할 수 있게 된다. 한편, 저작인격권 가운데 동일성유지권은 해당 저작물의 내용 등이 변경되어 그 변경된 상태로 유지되지 못하도록 하는 권리인 것이지 저작물 자체의 소각 등 해당 저작물이 완전히 사라지는 경우에까지 그 효력이 미치는 권리라고 볼 수는 없다 할 것이다.

. . . .

한편, 순수 미술 작품과는 달리 기업 활동을 위해 외주 제작된 응용미술저작물의 경우에는 기업 사정에 따라 이를 변경할 필요성이 있고, 통상적으로 그러한 응용미술저작물의 저작재산권은 관련 기업에게 귀속되는 경우가 대부분이다.

〈로티〉 사건[64]

롯데월드는 B회사를 통해 마스코트 지명 공모를 실시하였고, 그 공모전에서 그래픽 디자이너인 A의 롯티(Lottie)가 당선되었다. 이에 따라 B회사와 A 사이에 체결된 캐릭터 제작 계약에는 A가 주문자인 롯데월드 측에서 요구하는 마스코트의 제작 목적과 제작의 기본 방향, 소재 선정의 기준 등에 따라 도안을 제작하기로 하고, 롯데월드 측이 제작된 도안에 대한 소유권과 저작권 등 모든 권리를 가짐은 물론 수정 요구까지 할 수 있다는 내용이 명시되어 있다.

A가 제작한 너구리 도안이 당선작으로 선정된 후에도 수차에 걸친 수정, 보완 끝에 기본 도안이 제작되었고, 이에 기하여 35종의 응용 도안까지 제작되었다.

그런데 위 도안이 미국에서 사용 중인 펠릭스 고양이와 유사하고 너구리의 특징이 잘 나타나 있지 않다는 이유로 롯데월드 측으로부터 수정 요구를 받은 A는 자기로서는 아무리 수정을 해도 같은 도안밖에 나오지 않는다는 이유로 더 이상의 수정을 거절하였고, 이에 롯데월드 측은 C로 하여금 A가 제작한 도안을 참고로 하여 당시 롯데월드가 사용하고 있는 이 사건 가처분의 대상인 기본 도안과 응용 도안 등을 제작하였다.

이에 A는 롯데월드가 A의 동의 없이 자신이 만든 캐릭터의 기본 도안과 응용 도안을 변형하여 이 사건 가처분의 대상인 기본 도안과 응용 도안 등을 제작하여 사용하고 있다는 이유로, B회사를 상대로 이 사건 가처분의 대상인 기본 도안과 응용 도안 등의 사용금지 가처분을 신청하였다.

■ 저작인격권을 당사자 합의에 따라 양도할 수 있는지 여부(X)

저작권법은 저작물을 창작한 자를 저작자로 하고(제2조 제2호), 저작권은 저작한 때로부터 발생하며 어떠한 절차나 형식의 이행을 필요로 하지 아니하며(제10조 제2항), 저작인격권은 이를 양도할 수 없는 일신 전속적인 권리로(제14조 제1항) 규정하고 있다. 이러한 규정들은 당사자 사이의 약정에 의하여 변경할 수 없는 강행규정이라고 할 것이다.

A가 제작한 너구리 도안과 같이 상업성이 강하고 주문자의 의도에 따라 상황에 맞도록 변형되어야 할 필요성이 큰 저작물의 경우에는 재산적 가치가 중요시되는 반면, 인격적 가치는 비교적 가볍게 평가되지만, 이러한 저작물도 제작자의 인격이 표현된 것이고, 제작자가 저작물에 대하여 상당한 애착을 가질 것임은 다른 순수 미술 작품의 경우와 다르지 않을 것이다.

위 법 규정의 취지 또한 실제로 저작물을 창작한 자에게만 저작인격권을 인정하는 것이라고 볼 수 있으므로, 이 사건에 있어서와 같이 상업성이 강한 응용미술 작품의 경우에도 당사자 사이의 계약에 의하여 실제로 제작하지 아니한 자를 저작자로 할 수는 없다고 할 것이다. 단체명의저작물(현행 저작권법상 업무상저작물)의 저작권에 관한 저작권법 제9조를 해석함

---

64) 대법원 1992. 12. 24. 선고 92다31309 판결

에 있어서도 위 규정이 예외 규정인 만큼 이를 제한적으로 해석하여야 하고 확대 내지 유추 해석하여 저작물의 제작에 관한 도급 계약에까지 적용할 수는 없다.

A가 제작한 롯데월드의 상징 도안(캐릭터)인 너구리 도안의 기본 도안과 응용 도안은 그 소재의 선정뿐 아니라 그 제작에 있어서도 전적으로 제작자인 A의 재량과 예술적인 감각 및 기술에 의하였음을 알 수 있으므로 위 너구리 도안의 저작자는 제작자인 A라 할 것이다. 따라서 캐릭터의 특수성 및 위 너구리 도안의 제작 과정에 있어서 주문자인 롯데월드 측이 한 역할과 당사자 사이의 계약 내용에 비추어 보면, 저작인격권까지 포함한 저작권 자체를 주문자인 롯데월드 측이 원시적으로 취득하였다고 볼 수는 없다.

■ 롯데월드가 A의 너구리 도안의 기본 도안과 응용 도안의 동일성 유지권을 침해했는지 여부(X)

A는 그의 의무인 너구리 도안의 기본 도안 등의 수정을 거절함으로써, 롯데월드 측이 그 도안을 변경하더라도 이의를 제기하지 않겠다는 묵시적인 동의를 하였다고 인정함이 상당하다. 따라서 롯데월드 측이 C로 하여금 A가 제작한 너구리 도안을 일부 변경하게 한 다음 변경된 기본 도안과 응용 도안을 그 기업 목적에 따라 사용하고 있다고 하더라도, 그 변경은 A의 묵시적인 동의에 의한 것이므로, A의 동일성 유지권 침해에는 해당되지 않는다 할 것이다.

저작인격권은 일신전속적인 권리이기 때문에 당사자의 합의
로 그것을 양도할 수 없다. 즉, 저작인격권은 저작물의 저작
자만이 가지는 고유의 권리인 것이다. 따라서 이 사건에서도
A에 의해 제작된 도안들에 대한 저작인격권은 그 저작자인
A가 가지게 된다.

이 사건의 쟁점은 A의 도안을 변형하여 사용하고 있는 롯데
월드가 A의 저작인격권 가운데 동일성유지권을 침해했는지
여부였는데, 법원은 롯데월드 측의 변형에 대해 A가 묵시적
으로 동의를 했다는 이유로 A의 동일성유지권 침해를 인정
하지 않았다.

미술저작물
저작권 침해 판단 기준과
손해배상 등

미술저작물의
저작권 침해 판단 기준

미술저작물에 대한 저작권 침해 판단 기준도 다른 저작물의 그것과 마찬가지로 ① 저작권 침해 주장자의 저작물이 저작권법에 의해 보호받을만한 창작성이 있을 것, ② 상대방이 저작권 침해 주장자의 저작물에 의거하여 이를 이용하였을 것, ③ 저작권 침해 주장자의 저작물과 상대방의 저작물 사이에 실질적 유사성이 있을 것 등의 세 가지 요건이 충족되어야 한다. 이하에서 위 세 가지에 대해 자세히 알아보도록 하겠다.

1 저작물성 여부

앞서 살펴본 바와 같이, 저작물성 여부에 관한 판단은 실질적 유사성 여부를 판단할 때 그 전제가 되기 때문에 미술저작물의 경우에도 저작권 침해 여부를 판단하기 위해서는 그 저작물성 여부에 관해 먼저 살펴볼 필요가 있다. 그런데 이에 관해서는 이미 구체적으로 살펴보았으므로, 여기서는 이에 관한 설명은 생략하기로 하겠다.

2 의거성 여부

저작권법이 보호하는 복제권이나 2차적저작물작성권의 침해가 성립하기 위해서는 대비 대상이 되는 저작물이 침해되었다고 주장하는 기존의 저작물에 의거하여 작성되었다는 점이 인정되어야 하는데, 이를 의거성이라고 한다. 이러한 의거성이 인정되기 위해서는 ① 침해자가 피해자 저작물의 표현 내용을 인식하고 있어야 하고, ② 피해자 저작물을 이용하는 의사를 가지고 있어야 하며, ③ 실제로 피해자 저작물을 이용하는 행위를 하여야 한다.

의거성은 직접 증거에 의해 입증되기가 곤란하다는 점 때문에, 통상 대비 대상 저작물이 기존의 저작물에 대한 접근 가능성 여부 또는 대비 대상 저작물과 기존 저작물이 독립적으로 작성되어 같은 결과에 이르렀을 가능성을 배제할 수 있을 정도의 현저한 유사성이 있는지 여부를 판단하여, 그것이 인정되면 의거성을 추정하는 방식으로 의거성 여부를 판단한다.

즉, 의거 관계는 대비 대상 저작물이 기존의 저작물에 의거하여 작성되었다는 사실이 직접 증거에 의해 인정되지 않더라도 기존의 저작물에 대한 접근 가능성이 있으면 추정될 수 있고, 이러한 접근 가능성을 인정할 만한 증거도 부족한 경우에는 대비 대상 저작물이 기존의 저작물에 의거하지 아니하고 독자적으로 창작되었다고 생각하기 어려울 정도로 내용이나 표현상에 현저한 유사성 등의 간접 사실이 인정되면 대비 대상 저작물이 기존의 저작물에 의거하여 작성되었다는 점은 사실상 추정된다고 할 수 있다.

다만, 대비 대상 저작물이 기존의 저작물보다 먼저 창작되었거나 후에 창작되었다고 하더라도 기존의 저작물과 무관하게 독립적으로 창작되었다고 볼 만한 간접 사실이 인정되는 경우에는 대비 대상 저작물이 기존 저작물에 의거하여 작성되었다는 점이 추정된다고 단정하기 어렵다.

그리고 두 저작물 사이에 의거 관계가 인정되는지 여부와 실질적 유사성이 있는지 여부는 서로 별개의 판단으로서, 의거 관계의 판단에는 실질적 유사성의 판단과 달리 저작권법에 의하여 보호받는 표현뿐만 아니라 저작권법에 의하여 보호받지 못하는 표현 등이 유사한지 여부도 함께 참작될 수 있다.

따라서 미술저작물의 경우에도 기존의 미술저작물이 언제 공표되었고 그것이 얼마만큼 유통되었는지 등 그 노출의 정도를 따져 대비 대상 미술저작물이 기존 미술저작물에 접근할 가능성이 있는지 여부를 판단하거나 기존 미술저작물이 공표된 적이 없거나 그 노출 정도가 미미한 경우에는 기존 미술저작물의 구체적 표현이 대비 대상 미술저작물의 그것과 현저하게 유사한지 여부를 판단하여 의거성 추정 여부를 결정한다.

일반적인 저작권 침해 사건에서는 보통 기존의 저작물이 대상 저작물보다 먼저 공표가 되어 대상 저작물이 기존의 저작물에 대한 접근 가능성 등이 있다는 이유로 의거성이 추정되는 경우가 대부분이다. 그래서 의거성이 다투어지는 경우는 그렇게 흔하게 있는 경우는 아니다. 그런데 이러한 의거성 여부가 중요한 쟁점이 되었던 사건들이 있는데, 이에 대해 살펴보도록 하겠다.

(1) 〈자동차 그릴 디자인〉 사건

이미 다양한 종류의 선행 디자인이 존재하고 약간의 변형만으로도 디자인의 전체적인 이미지에 상당한 영향을 주는 경우에 있어서 대비 대상 미술저작물이 기존의 미술저작물에 의거해서 만들어졌는지 여부는 위와 같은 점을 충분히 참작하여, 양 미술저작물의 현저한 유사성 또는 고도의 유사성 여부를 판단하여야 한다. 이번에는 이러한 점을 참작하여 의거성을 부정한 〈자동차 그릴 디자인〉 사건에 대해 자세히 살펴보도록 하겠다.

〈자동차 그릴 디자인〉 사건[65]

A는 B자동차가 운영하는 인터넷 홈페이지 게시판에 '디자인 제안'이라는 제목으로 총 4개의 자동차 그릴 스케치(이하 'A 스케치'라고 함)를 게시하였다.

B자동차는 통일된 디자인을 통해 브랜드의 정체성을 강조할 수 있는 패밀리 룩(Family Look) 개발을 시작하여 독일 출신의 세계적으로 저명한 디자이너 C를 디자인 총괄 책임자로 영입하고, B자동차 고유의 그릴 디자인(이하 'B자동차 등 디자인'이라고 함)을 개발하여 그것이 적용된 자동차를 출시하였다. 그때부터 B자동차가 출시한 대부분의 차종에 이와 유사한 형태의 그릴을 장착하였다.

이에 A는 B자동차 등 디자인은 A의 스케치와 실질적 유사성을 넘어 현저한 유사성 또는 고도의 유사성이 있으므로 A 스케치에 의거하여 작성되었다고 주장하면서, B자동차 등을 상대로 저작권 침해에 따른 손해배상 등 청구 소송을 제기하였다.

■ B자동차 디자인이 A 스케치에 의거하여 작성된 것인지 여부(X)

B자동차 디자인은 돌출부의 돌출 정도가 비교적 낮아 그 사이에 로고를 배치하고도 여유가 있는 점, 공간이 분할된

---

65) 대법원 2014. 5. 16. 선고 2012다55068 판결

느낌 없이 중앙 부분이 약간 눌린 느낌만 주는 점, 상부 라인이 직선을 이루고 있는 점 등에 비추어 볼 때, A 스케치와 B자동차 디자인 사이에 현저한 유사성을 인정하기 어렵고, 나아가 B자동차 등이 A 스케치에 대한 접근 가능성을 인정하기 부족하므로, B자동차 디자인이 A 스케치에 의거하여 작성된 것으로 볼 수는 없다.

평석

이 사건은 B자동차 디자인이 A 스케치에 의거하여 작성된 것인지 여부가 쟁점이 된 사건이었다. 이와 관련하여 법원은 의거성 판단과 관련하여 1) 현저한 유사성 여부와 2) 접근 가능성 여부에 대해 각각 판단하였다.

먼저 현저한 유사성 여부와 관련하여 법원은 자동차 디자인의 경우 이미 다양한 종류의 선행 디자인이 존재하고 약간의 변형만으로도 자동차에 대한 전체적인 이미지에 상당한 영향을 주는 점을 참작하여 A 스케치와 B자동차 등 디자인은 전체적인 인상 또는 심미감이 다르다는 이유로 B자동차가 A 스케치를 보고 디자인하였다고 할 정도의 현저한 유사성 또는 고도의 유사성이 인정되지 않는다고 판단하였다.

그리고 접근 가능성 여부와 관련해서도 법원은 B자동차 인터넷 홈페이지에 올린 A 스케치 등 디자인 제안의 글은 비공개로 설정되어 게시자인 A와 홈페이지 운영자만이 볼 수 있었고, 그 조회 수도 3회로 기록되어 있는 점, B자동차 직원들도 위 홈페이지 관리자가 아니면 임의로 위 게시판에 접근할 권한이 없는 점 등을 종합하여 B자동차가 A 스케치에 대하여 직접 또는 간접적으로 접근할 가능성은 매우 낮고, 오히려 B자동차 등 디자인과 유사한 디자인은 A가 스케치하기 이전에도 B자동차의 기존 디자인을 비롯하여 자동차 관련 디자인에서 많이 사용되고 있었고 B자동차 디자인팀 직원들이 작성한 비슷한 유형의 스케치가 다양하게 존재하는 등으로 볼 때 B자동차 등 디자인은 B자동차에 의해 독자적으로 창작된 것으로 볼 수 있다고 판단하였다.

(2) 〈군마상 조형물〉 사건

저작권 침해 사건의 당사자들이 해당 미술저작물을 제작할 때 함께 작업을 진행했다고 하더라도, 양 미술저작물 간의 표현에 있어서 유사점이 없고 비록 비슷해 보이는 부분이 있더라도 그것이 누구라도 생각할 수 있는 것이거나 양 미술저작물들의 특징적인 표현이 큰 차이를 보이는 경우에는 대비 대상 미술저작물이 기존의 미술저작물에 의거해서 만들어졌다고 단정할 수는 없다.

이하에서는 위와 같은 논리에 따라 의거성이 부정된 〈군마상 조형물〉 사건에 대해 살펴보도록 하겠다

〈군마상 조형물〉 사건[66]

A는 조각가로 활동하면서 대학 교수로 재직하고 있다. B는 화랑을 운영하면서 조형물의 제작 등을 기획하는 일을 하고, C회사는 'G숲 공원'을 조성하는 공사를 시공하는 회사이며, D와 E는 C회사와 B 사이에 체결된, G숲 공원의 군마상 조형물 제작·설치 계약을 담당한 C회사의 직원들이다.

A는 B로부터 G숲 공원의 입구에 설치할 말 조형물을 만들어 달라는 요청을 받았다. A는 B에게 기수를 태운 4기의 경주마들이 4줄의 토피어리(topiary, 식재된 관목을 박스처럼 전지하는 등으로 보기 좋게 만드는 기법 또는 그 작품)를 각각 레인으로 삼아 달리는 모양(말이 달리는 장면을 포착한 것 같은 각각의 경주마들의 형상은 서로 다르다)의 '스타트'라는 제목의 수채화 스케치(이하 'A의 스케치'라고 함)을 그려 제공하였다.

또 A는 B에게 6개의 토피어리로 분리되는 G숲 공원의 조형물 설치 공간 위에 8마리의 경주마들이 각각의 토피어리 위를 서로 다른 질주 동작으로 달려가는 모양(역시 각각의 경주마들이 달리는 형상은 서로 다르다)을 정면과 측면 및 후면에서 바라본 모습으로 그리고, 조형물 설치 공간의 크기, 토피어리의 높이와 폭, 실제 제작될 경주마의 크기 등을 표시한 드로잉(이하 'A의 드로잉'이라고 함)을 그려 주었다.

그 후 A는 스타트 조형물을 제작하기 위해 경주마 1기와 경주마 위에 탑승할 기수의 모습을 컴퓨터그래픽으로 자세히 표현한 렌더링(이하 'A의 렌더링'이라고 함)도 그렸다. A는 B가 G숲 공원

조경회사인 H 등에 스타트 조형물의 작품 소개를 할 수 있도록 '스타트' 조형물이 설치될 경우의 개략적인 조감을 파악하기 위한 모형(이하 'A의 모형' 이라고 함)을 만들어 B에게 주었다.

그리고 B로부터 조형물의 제작을 위한 구체적인 모형을 제작해 달라는 요청을 받고 실제 크기의 말머리 조형물과 실제의 1/3 정도 크기의 기수를 태운 경주마(1기)의 기마상(이하 'A의 기마상' 이라고 함)을 만들어 B에게 보냈다.

A와 B는 G숲 공원에 스타트 조형물을 설치하기 위해 서로 협의하였으나, 조형물의 시공비 등의 문제로 갈등이 생겨 A가 스타트 조형물의 제작을 포기하였다.

B는 C회사와 C회사가 조성공사를 하는 G숲 공원에 청동 소재의 군마상 조형물을 설치하기로 하는 조형물 용역 계약을 체결하였다. 이에 따라 B는 중국 조각가인 I와 군마상 제작에 관한 계약을 체결하고 I로부터 군마상을 납품받아 G숲 공원 입구에 기수를 태운 경주마들이 달리는 모양의 군마상 조형물(이하 'B 등의 군마상' 이라고 함)을 설치하였다. 이에 A는 G숲 공원에 설치된 군마상이 A의 스케치 등에 대한 저작권을 침해했다고 주장하면서 B 등을 상대로 저작권 침해에 따른 손해배상 등 청구 소송을 제기하였다.

---

66) 서울중앙지방법원 2008. 9. 11. 선고 2007가합97919 판결

■ B 등이 A의 스케치 등에 의거하여 B 등의 군마상을 제작하였는지 여부(X)

 A의 주장

A는 B에게 A의 스케치 등을 모두 보냈고, B 등이 A가 보낸 스케치 등을 이용하여 토피어리를 배치하고 그 위에 경주마들을 설치하는 등 A의 스케치 등과 유사한 군마상을 제작하였으므로, B 등은 A의 스케치 등에 의거하여 군마상을 제작하였다.

 B 등의 주장

B가 A로부터 A의 렌더링을 받은 적이 없고, A가 군마상 제작을 그만두기로 한 이후 B는 중국 조각가인 I에게 조형물 설치 공간의 도면과 경주마의 사진을 보내면서 군마상의 조형을 의뢰하여 I로부터 군마상의 시안을 받아 본 다음 I가 그 시안에 따라 군마상을 제작하였으므로, A의 스케치, 드로잉, 모형에 의거하여 군마상을 제작한 것은 아니다.

 법원의 판단

우선 A가 A의 렌더링을 B에게 제공하였음을 인정할 아무런 자료가 없다. 또 A의 기마상은 실제 크기의 말머리의 조형물과 실제의 1/3 정도 크기의 기수를 태운 경주마 1기의 조형물에 불과하여 B 등의 군마상과 같이 6기의 서로 다른 질주 동작의 경주마들이 경주하는 조형물과 서로 표현상의 유사점을 찾기 어렵다.

A의 스케치, 드로잉 및 모형과 B의 군마상이 모두 기수를 태운 경주마들이 경주를 하는 모양의 그림이나 조형물이기는 하지만, '기수를 태운 경주마들이 경주를 하는 모습'은 B가 A나 I에게 작품 구상에 관해 요청한 사상 또는 감정에 불과하므로 그 부분은 서로 유사할 수밖에는 없다(A의 스케치, 드로잉 및 모형과 B 등의 군마상에서 개개의 경주마들이 서로 다른 질주 동작을 하고 있는 것도 서로 유사한 점이나 여러 경주마들이 경주하는 모양의 조형물을 제작함에 있어 각각의 경주마를 서로 다른 질주 동작으로 제작하는 것은 누구라고 생각할 수 있는 것이다).

A의 스케치, 드로잉 및 모형에서 가장 특징적인 표현은 각각의 토피어리 위에 경주마를 배치시키고, 토피어리 사이를 보행로로 만든다는 것인데, B 등의 군마상은 경주마들이 질주하는 역동성에 초점을 맞추어 토피어리와 관계없이 폭이 좁은 직사각형 모양의 설치 공간에 경주마들을 앞·뒤로 배치하는 것이어서 그 부분에 있어 A의 스케치, 드로잉 및 모형과 B 등의 군마상은 큰 표현의 차이를 보이고 있다(B 등의 군마상 설치 공간의 양 옆에 있는 토피어리는 B가 군마상을 설치하기 이전에 조형물 설치 공간에 이미 설치되어 있던 5줄의 토피어리 가운데 중간 부분의 토피어리를 제거하여 군마상 설치공간으로 사용함에 따라 남게 된 부분이므로 그 부분은 B 등의 군마상 조형물과 일체된 조형물이라고 볼 수 없다).

더구나 A의 스케치 등은 스타트 조형물에 관한 구상을 표현한 것이기는 하지만 실제로 제작될 스타트 조형물에 대비하여 작품의 구상이 매우 구체화된 정도로 표현된 저작물이라고 보기는 어렵다.

이러한 사정에 비추어 보면, B 등이 A의 스케치 등에 나타난 표현에 의거하여 B 등의 군마상을 제작하였다고 단정하기는 부족하다(설령 A의 저작물에 의거하여 작성되었다고 하더라도, B 등의 군마상이 A의 저작물과 사이에 실질적 동일성 내지 유사성을 인정할 증거도 부족하다).

평 석

이 사건은 B 등의 군마상이 A의 스케치 등에 의거해서 만들어진 것인지가 쟁점이 되었다. 이와 관련하여 법원은, 기수를 태운 경주마들이 경주를 하는 모습이라는 면에서는 비슷하지만 이는 구체적인 표현이 아닌 아이디어에 불과하고, 또 개개의 경주마들이 서로 다른 질주 동작을 하고 있는 것도 서로 비슷하지만 이는 여러 경주마들이 경주하는 모양의 조형물을 제작함에 있어 누구라고 생각할 수 있는 것(창작성이 없음)이기 때문에 이러한 부분을 제외하고 B 등의 군마상과 A의 스케치 등을 비교해 보면, 양자는 구체적 표현에 있어서 큰 차이를 보인다는 이유로, B 등의 군마상이 A의 스케치 등에 의거해서 만들어졌다는 A의 주장을 받아들이지 않았다.

3 실질적 유사성 여부

저작권 침해가 인정되기 위해서는 객관적 요건으로 두 저작물 사이에 실질적 유사성이 인정되어야 한다. 그런데 저작권의 보호 대상은 학문과 예술에 관하여 사람의 정신적 노력에 의하여 얻어진 사상 또는 감정을 말, 문자, 음, 색 등에 의하여 구체적으로 외부에 표현한 창작적인 표현 형식이고, 표현되어 있는 내용 즉 아이디어나 이론 등의 사상 및 감정 그 자체는 설사 그것이 독창성, 신규성이 있다 하더라도 원칙적으로 저작권 보호 대상이 되지 않는 것이므로, 저작권의 침해 여부를 가리기 위하여 두 저작물 사이에 실질적인 유사성이 있는가의 여부를 판단함에 있어서도 창작적인 표현 형식에 해당하는 것만을 가지고 대비하여야 할 것이다.

이러한 점 때문에 저작물성 여부가 실질적 유사성 여부 판단의 전제가 되는 것이다. 즉, 실질적 유사성 여부를 판단하기 위해서는 저작권 침해 주장자의 침해 부분이 저작권법에 의해 보호받을 수 있는 것이어야 하기 때문에, 구체적인 비교 판단 이전에 반드시 저작권 침해 주장자의 침해 부분의 저작물성에 대해 먼저 판단하여야 한다.

이에 따르면 기존의 저작물에 포함된 아이디어를 이용하는 것은 저작권이 미치지 않으므로 기존 저작물의 특유한 인식이나 아이디어라고 하더라도 그 인식 자체는 저작권법상 보호되어야 할 표현이라고 할 수 없고, 이와 동일한 인식 등을 표현하는 것이 저작권법상 금지되는 것은 아니므로, 이러한 부분은 실질적 유사성 판단 시 비교대상에서 제외되어야 하는 것이다.

따라서 미술저작물의 경우에도 그 실질적 유사성 여부를 판단하기에 앞서, 저작권 침해 주장자의 침해 부분이 아이디어에 해당하는 것은 아닌지, 누가 하더라도 그렇게 밖에 표현할 수 없는 것인지 또는 종래부터 존재하고 있는 표현은 아닌지 여부 등을 먼저 판단하여야 한다.

(1) 〈여인상〉 사건

다른 사람의 저작물을 무단 복제하면 복제권 침해가 되고, 저작물을 원형 그대로 복제하지 않고 약간 수정·증감·변경했더라도 새로운 창작성이 더해지지 않았다면 2차적저작물이 아닌 복제로 보아 역시 복제권 침해가 된다.

〈여인상〉 사건에서는 기존의 저작물과 대비 저작물이 완전히 동일하지 않더라도, 그 변형이 창작성이 가미되지 않은 사소한 경우에는 복제권 침해에 해당한다는 점을 명확히 했다.

⟨여인상⟩ 사건[67]

A는 고전적인 한국의 전통 여인상을 표현한 ⟨여인상⟩ 작품(이하 '이 사건 A 디자인'이라 함)을 1979년 광고 포스터로 제작하였다. 이 작품은 산업디자인전 전람회 도록에 수록된 바 있으며, A가 제작한 작품들을 전시하는 전시회의 홍보물에 실리기도 했다.

B극장은 전통극(이하 '이 사건 공연'이라 함)과 B극장을 홍보하기 위한 디자인 제작을 위해 디자인 업체들을 대상으로 공모한 결과 C회사를 선정하였고, C회사가 제작한 디자인(이하 'B극장 등 디자인'이라 함)을 홍보물, 티켓, 인터넷 홈페이지, 기념품 등에 사용하였다.

A는 B극장 등 디자인은 이 사건 A 디자인을 그대로 복제하여 제작한 것이라는 이유로 B극장과 C회사(이하 이를 통칭하는 경우에는 'B극장 등'이라 함)를 상대로 하여 저작권 침해에 따른 손해배상 청구 소송을 제기하였다.

■ 이 사건 A 디자인과 B극장 등 디자인의 실질적 유사성 여부(O)

① 이 사건 A 디자인과 B극장 등 디자인은 모두 여인의 몸짓 또는 의복 등의 표현은 구성에서 제외한 채 단지 얼굴 표현 및 머리 모양을 중심으로 그 이미지를 나타내는 점, ②

---

67) 서울중앙지방법원 2014. 2. 20. 선고 2012가합106749 판결

얼굴에서 그 윤곽선, 코, 입, 아랫눈썹의 선을 생략하여 배경 공간과 구분되지 않게 표현한 점, ③ 눈매와 눈썹에서 눈의 끝이 강하게 처리되어 있고 선과 면의 강조와 과장으로 미려하면서 청순한 느낌을 주는 점, ④ 앞가르마와 옆머리는 모두 톱니 모양으로 표현되어 있고, 가르마와 옆머리의 기울어진 방향과 각도가 같은 점, ⑤ 양자는 아랫눈썹 윤곽선이 생략된 눈을 포함하는 좌, 우 눈의 비례와 모양, 눈과 눈 사이의 거리 등이 거의 동일하게 배열되어 거의 중첩되는 점, ⑥ 얼굴의 각도 및 배치에 대하여 보더라도 얼굴이 보이는 우측 회전투시 각도는 정면과 우측면 중간인 약 45°를 유지하고, 머리를 앞으로 숙인 각도는 약 20°, 눈 경사각은 약 19°로 두 디자인에서 동일하게 나타나는 점, ⑦ 양자는 얼굴색과 배경색을 통일하고 검은 머리색을 표현하여 색상을 두 가지로 함축시켰을 뿐만 아니라 난색(暖色)과 검은색의 두 가지 색상에 의한 강한 명도 대비를 활용한 점, ⑧ 이 사건 A 디자인은 배경 부분에 바위산, 비녀, 구름, 꽃 등이 있고, B극장 등 디자인은 MISO라는 영문 표기와 단색의 배경만이 있어 차이가 있으나 이러한 배경 부분은 여인의 얼굴 부분의 이미지를 전달하는 보조적 역할을 하고 있는 것에 불과한 점에 비추어 보면, 이 사건 A 디자인과 B극장 등의 디자인은 그 배경과 구체적 표현은 다소 차이가 있지만, 거의 동일하여 실질적으로 비슷하다고 봄이 상당하다.

이 사건에서 법원은 먼저 이 사건 A의 디자인은 여인의 얼굴과 머리 부분을 중심으로 전통적 아름다움을 살리면서 얼굴에서 코 아랫부분은 과감히 생략하여 여백의 미를 드러낸 것으로서, A의 정신적 노력의 소산으로서의 특성이 부여되어 있는 저작권법의 보호 대상인 미술저작물에 해당한다고 판단하였다.

그리고 의거성과 관련해서 법원은 C회사의 직원이 수사기관에게 자신이 이 사건 A 디자인이 수록된 책을 보고, 그 가운데 얼굴 부분을 휴대전화로 촬영하여 스케치하고 스캔 파일을 만든 다음 JPG파일로 변환하는 작업을 통해 B극장 등 디자인을 제작하였다는 진술 등에 비추어, B극장 등 디자인이 이 사건 A 디자인에 의거하여 작성되었다고 인정하였다.

그리고 이 사건 A 디자인과 B극장 등 디자인의 실질적 유사성과 관련해서 법원은 이 사건 A 디자인과 B극장 등 디자인은 그 구체적 표현 형식에서 약간의 차이가 있지만, 생략된 윤곽선, 눈매와 눈썹의 모양, 앞가르마와 옆머리의 모양, 얼굴 형상의 크기 및 비례, 눈의 각도 및 배치, 얼굴과 머리색의 구분 등의 측면에서 거의 동일하여 실질적으로 비슷하다고 봄이 상당하다고 판단했다.

(2) 〈태극 4괘 문양〉 사건

〈태극 4괘 문양〉 사건은 한국은행권 10,000원 권 및 5,000
원 권 지폐에 표현된 태극 4괘 문양과 관련된 저작권 침해
여부가 문제된 사안이다. 이 사건에서 법원은 개별적인 형상
자체는 예전부터 전해져 오던 것이라는 점 등을 감안하여
두 저작물의 실질적 유사 여부를 판단하였다.

이 사건에서 법원은 "A의 도안과 한국은행의 도안(5,000원 권
과 10,000원 권)은 4괘 형상이 왼쪽 위로부터 시계 방향으로 건,
감, 곤, 리의 순서에 따라 사각형 형태로 모아서 가로와 세
로로 엇갈리게 배치되어 있는 점에서 유사점이 있다. 그러
나 4괘의 개별적인 형상 자체는 예전부터 전해져 오던 것이
고, ① A의 도안은 '건, 곤' 괘가 세로로, '감, 리' 괘가 가
로로 배치되어 있는 반면, 한국은행의 도안은 '건, 곤' 괘
가 가로로, '감, 리' 괘가 세로로 배치되어 있는 점, ② A의
도안은 중심의 십자(+) 축을 중심으로 4괘가 정렬되어 있는
반면, 한국은행의 도안은 그렇지 않은 점, ③ A의 도안은 각
괘의 길이가 틀에 갇히지 않은 채 벗어나 있어 바람개비 모
양을 연상시키는 반면, 한국은행의 도안은 외곽 틀 내로 각
괘의 길이가 제한되어 있는 점, ④ A의 도안은 '건, 감' 괘
는 빨간색으로, '곤, 리' 괘는 파란색으로 채색되어 있는 반
면, 한국은행의 도안은 채색이 되어 있지 않은 점 등에서 차
이가 있으므로, 양 도안은 그 표현에 있어서 실질적으로 비
슷하다고 할 수 없다. 따라서 한국은행의 도안이 A의 도안

을 근거로 하여 만들어졌는지에 관하여 더 나아가 살필 필요 없이 한국은행은 A의 도안의 저작권을 침해하였다고 할 수 없다"고 판시하였다.[68]

(3) ⟨포트메리온⟩ 사건

어떤 저작물이 기존의 저작물을 다소 이용하였더라도 기존의 저작물과 실질적인 유사성이 없는 별개의 독립적인 새로운 저작물이 되었다면, 이는 창작으로서 기존의 저작물의 저작권을 침해한 것이 아니다. 미술저작물에 있어서 그 소재가 되는 사물 자체는 저작권의 보호 대상이 되지 아니하므로, 실존하는 사물을 사실적으로 묘사하는 미술저작물은 그렇지 않은 저작물에 비하여 상대적으로 저작권의 보호 범위가 좁을 수밖에 없다는 점을 고려하여야 한다.

따라서 예전부터 꽃이나 식물을 사실적으로 묘사하면서 그 주변에 나비, 벌, 잠자리 등의 곤충을 사실적으로 묘사하는 도안 내지 미술저작물이 있어 왔고, 꽃 주변에 곤충을 배치하여 이를 사실적으로 묘사한다는 부분은 저작권의 보호 대상이 되는 창작적 표현에 해당한다고 볼 수 없다. 또한 나비, 잠자리 등의 개수 및 위치 역시 저작권의 보호 대상에서 제외되는 그림의 구도에 해당한다 할 것이다.

---

68) 대법원 2010. 11. 11. 선고 2009다16742 판결

A회사는 고급 생활도자기 그릇 등을 생산·판매하고 있는 영국 법인이고, B회사는 도자기 그릇 류의 제품을 생산·판매하고 있는 회사이다.

A회사는 B회사의 표장들에 사용된 꽃문양(이하 'B회사의 표장들'이라 함)이 A회사 저작물들과 실질적으로 동일한 것으로서 A회사 저작물들에 대한 A회사의 저작권을 침해했다는 이유로, B회사를 상대로 하여 저작권 침해 등에 따른 손해배상 등 청구 소송을 제기하였다.70)

■ B회사 표장 1의 꽃문양과 A회사 저작물들의 대비

1) B회사 표장 1의 꽃문양과 A회사 저작물 1과의 대비

① 의거성 여부(O)

줄기와 나뭇잎의 형태, 나비와 잠자리의 개수와 위치 등에 있어서 유사한 점, A회사가 1998년경부터 A회사 저작물들

---

69) 서울고등법원 2010. 6. 23. 선고 2009나11742 판결

70) 이 사건에서 A회사는 저작권 침해 이외 상표권 침해, 부정경쟁행위도 청구원인으로 하였으나, 여기서는 저작권 침해 여부와 관련된 부분에 대해서만 살펴보기로 한다.

을 도안으로 사용한 접시류 등의 제품을 TV 등에 광고하고 판매하여 왔던 점 등에 비추어 보면, B회사 표장 1의 꽃문양은 A회사 저작물 1을 참조하여 작성하였음이 인정된다.

② 실질적 유사성 여부(X)

A회사 저작물 1은 가든 라일락꽃을 사실적으로 묘사한 것이고 B회사 표장 1은 층꽃나무 꽃을 사실적으로 묘사한 것이어서 그 자체만으로도 양자가 서로 다른데다가 그 주변의 나비와 잠자리의 형태와 색채 역시 서로 달라서, 전체적인 느낌 역시 서로 다르므로 양자는 실질적으로 유사하지 않다.

2) B회사 표장 1의 꽃문양과 A회사 저작물 2 내지 5와의 대비

① 의거성 여부(X)

A회사 저작물 2는 히아신스 꽃을, A회사 저작물 3은 카네이션(July) 꽃을, A회사 저작물 4는 아프리카 백합꽃을, A회사 저작물 5는 팬지꽃을 사실적으로 묘사한 것이고, B회사 표장 1은 층꽃나무 꽃을 사실적으로 묘사한 것이어서 그 자체만으로도 B회사 표장 1은 A회사 저작물 2 내지 5와 다른데다가 꽃 주변에 배치된 곤충의 종류·형태·색채와 줄기, 나뭇잎의 형태·색채도 달라서, B회사 표장 1이 A회사 저작물 2 내지 5에 의거하여 작성되었음을 인정하기 어렵다.

② 실질적 유사성 여부(X)

설령 의거성이 인정되더라도 위에서 본 상이점과 B회사 표장 1이 주는 전체적인 느낌이 A회사 저작물 2 내지 5의 그 것과 다른 점에 비추어, B회사 표장 1은 A회사 저작물 2 내 지 5와 실질적으로 비슷하다고 볼 수도 없다.

■ B회사 표장 2, 3의 각 꽃문양과 A회사 저작물들의 대비

① 의거성 여부(X)

B회사 표장 2, 3의 각 꽃문양이 A회사 저작물들에 의거하 여 작성되었음을 인정하기 어렵다.

② 실질적 유사성 여부(X)

설령 의거성이 인정되더라도, B회사 표장 2, 3의 각 꽃문양 과 A회사의 저작물들은 묘사된 꽃의 종류·형태·색채는 물 론 꽃 주변에 배치된 곤충의 종류·위치·형태·색채와 줄기, 나뭇잎의 형태·색채가 달라서, 전체적인 느낌 역시 A회사 저작물들의 그것과 다르므로, B회사 표장 2, 3이 A회사 저 작물들과 실질적으로 비슷하다고 볼 수도 없다.

■ B회사 표장 4의 꽃문양과 A회사 저작물들의 대비

1) B회사 표장 4의 꽃문양과 A회사 저작물 5의 대비

① 의거성 여부(O)

B회사 표장 4의 꽃문양 가운데 줄기 부분이 A회사 저작물 5의 줄기 부분을 반전시킨 것과 유사한 점, A회사가 1998년 경부터 A회사 저작물들을 도안으로 사용한 접시류 등의 제품을 TV 등에 광고하고 판매하여 왔던 점 등에 비추어 보면, B회사 표장 4의 꽃문양은 A회사 저작물 5를 참조하여 작성하였음이 인정된다.

② 실질적 유사성 여부(X)

A회사 저작물 5는 팬지꽃을 사실적으로 묘사한 것이고 B회사 표장 4는 솔채꽃을 사실적으로 묘사한 것이어서 그 자체만으로도 서로 다른데다가 그 주변에 배치된 곤충의 종류·형태·위치·색채와 줄기, 나뭇잎의 형태·색채가 달라서 양자가 주는 전체적인 느낌 역시 서로 다르므로 양자는 실질적으로 유사하지 않다.

---

71) 대법원 2013. 3. 28. 선고 2010다58261 판결

2) B회사 표장 4의 꽃문양과 A회사 저작물 1 내지 4의 대비

① 의거성 여부(X)

양자는 묘사된 꽃의 종류, 형태, 색채는 물론 꽃 주변에 배치된 곤충의 종류·형태·위치·색채와 줄기, 나뭇잎의 형태·색채가 서로 달라서 B회사 표장4가 A회사 저작물 1 내지 4에 의거하여 작성되었음을 인정하기도 어렵다.

② 실질적 유사성 여부(X)

설령 의거성이 인정되더라도 이러한 상이점과 B회사 표장 4가 주는 전체적인 느낌이 A회사 저작물 1 내지 4의 그것과 상이한 점에 비추어 B회사 표장 4가 A회사 저작물 1 내지 4와 실질적으로 비슷하다고 볼 수도 없다.

평석

이 사건은 A회사가 B회사를 상대로 상표권 침해, 저작권 침해 및 부정경쟁행위를 이유로 한 손해배상 등을 청구한 사건이었는데, 이 사건에서 2심 법원은 A회사의 위와 같은 주장들 모두를 받아들이지 않았다. 그러나 이 사건의 대법원은 A회사의 저작물은 단순한 디자인이 아니라 상품의 출처를 표시하는 상표로서의 기능을 한다는 이유로 A회사의 상표권 침해 주장을 받아 들였다.[71)]

다만, 여기에서는 위와 같은 상표권 침해 여부에 대해서는 별론으로 하고, 이 사건 2심법원의 저작권 침해 여부 판단에 대해서만 살펴보았다. 이 사건에서 2심법원은 B회사의 표장 가운데 1, 4의 꽃모양은 A회사 저작물에 의거하여 작성된 것임을 인정하였는데, 이와 관련하여 저작권법상 보호 대상이 아닌 곤충의 개수와 위치 등의 유사성도 판단의 대상으로 삼았다. 이는 의거성을 판단할 때에는 실질적 유사성 판단과는 달리 저작권법상 보호되는 표현만을 비교 대상으로 삼는 것이 아니라 저작권법에 의하여 보호되지 않는 것도 판단의 고려 요소로 삼기 때문이다.

한편, 상표권과 저작권은 그것들이 보호하고자 하는 내용 등이 서로 다르기 때문에, 상표권 침해에 해당한다고 하여 항상 저작권 침해가 되는 것은 아니다. 왜냐하면 상표는 그 표장의 저작물성 여부와는 무관하게 상품의 출처 및 식별 표지로서 기능을 한다면 그것으로써 보호가 되는 반면, 저작물은 저작권법상 보호받을 수 있는 창작적인 표현을 갖추어야만 보호를 받을 수 있기 때문이다.

(4) 〈Be The Reds〉 사건

사진 촬영이나 녹화 등의 과정에서 원저작물이 그대로 복제된 경우, 새로운 저작물의 성질, 내용, 전체적인 구도 등에 비추어 원저작물이 새로운 저작물 속에서 주된 표현력을 발휘하는 대상물의 사진 촬영이나 녹화 등에 종속적으로 수반되거나 우연히 배경으로 포함되는 경우 등과 같이 양적·질적 비중이나 중요성이 경미한 정도에 그치는 것이 아니라 새로운 저작물에서 원저작물의 창작적인 표현 형식이 그대로 느껴진다면 이들 사이에 실질적 유사성이 있다고 보아야 한다.

이와 관련하여 2002년 한·일 월드컵 당시 응원구호였던 Be The Reds를 그 저작권자의 허락 없이 티셔츠나 두건에 삽입하여 제작·판매하는 것이 과연 저작권 침해에 해당하는지가 문제된 사건이 있었다. 이 사건은 2심 법원과 대법원이 견해를 달리했는데, 이에 대해 살펴보도록 하겠다.

〈Be The Reds〉 사건[72]

B회사는 인터넷상에서 사진의 양도·이용 허락을 중개하는 이른바 포토라이브러리(photo library)업을 영위하는 회사이다. B회사는 2002년 한·일 월드컵 당시 널리 사용된 Be The Reds!라는 응원 문구를 도안화하여(이하 '이 사건 저작물'이라고 함) 만든 티셔츠 등을 착용한 모델을 촬영한 사진 약 27장(이하 '이 사건 사진들'이라고 함)을 저작권자 A의 허락 없이 그 홈페이지에 게시한 행위가 저작권법 위반에 해당한다는 이유로 기소되었다.

---

72) 대법원 2014. 8. 26. 선고 2012도10786 판결

■ 이 사건 저작물이 응용미술저작물에 해당하는지 여부(O)

이 사건 저작물은 그 분류상 형상 또는 색채에 의하여 미적으로 표현된 미술저작물로서, 문자를 표현의 소재 내지 도구로 사용했지만 사상이나 의사 전달이라는 본래의 언어적 기능보다는 시각적·형상적 사상의 표현에 주안점을 둔 것이다.

이 사건 저작물의 창작 경위와 이용 실태 등을 고려할 때 그 목적·기능에 있어서 회화나 문자를 소재로 하여 서예가의 사상 또는 감정을 창작적으로 표현한 순수 서예 작품처럼 그 자체로 독립하여 감상의 대상으로 삼기 위해서 창작된 것이라기보다, 주로 티셔츠, 두건 등의 상품에 동일한 형상으로 복제·인쇄되어 상품의 가치를 높이거나 고객 흡인력을 발휘하도록 하거나 광고에 이용하는 것과 같은 실용적인 목적에 주안점을 두었고, 이용되는 상품 내지 표현 소재인 문자 자체와 구분되어 어느 정도의 독자성이 인정된다는 점에서 응용미술저작물로 볼 수 있다.

■ 이 사건 사진들과 이 사건 저작물 사이의 실질적 유사성 여부(O)

이 사건 저작물은 Be The Reds!라는 2002년 한·일 월드컵 당시 널리 알려진 응원 문구를 소재로 한 것으로서, 그 창조적 개성은 전통적인 붓글씨체를 사용하여 역동적이고 생동감 있는 응원의 느낌을 표현하고 있는 도안 자체에 있다.

그런데 이 사건 사진들 가운데 일부 사진들(이하 '이 사건 침해 사진들'이라 함)에는 이 사건 저작물의 원래 모습이 온전히 또는 대부분 인식이 가능한 크기와 형태로 사진의 중심부에 위치하여 그 창조적 개성이 그대로 옮겨져 있다. 또한 이 사건 저작물의 위와 같은 창작적 요소에 담겨 있는 월드컵 응원 문화에 대한 상징성과 이 사건 침해 사진들의 성질, 내용, 전체적인 구도 등에 비추어 볼 때, 이 사건 저작물은 월드컵 분위기를 형상화하고자 하는 위 사진들 속에서 주된 표현력을 발휘하는 중심적인 촬영의 대상 가운데 하나로 보인다. 즉, 이 사건 저작물에 표현되어 있는 역동적이고 생동감 있는 응원의 느낌이 이 사건 침해 사진들 속에서도 그대로 재현되어 전체적으로 느껴지는 사진의 개성과 창조성에 상당한 영향을 주고 있다.

이와 같이 이 사건 침해 사진들에서 이 사건 저작물의 창작적인 표현 형식이 그대로 느껴지는 이상 위 사진들과 이 사건 저작물 사이에 실질적 유사성이 있다고 보아야 한다.

이 사건의 2심 법원은 "복제는 저작권에 대한 침해와 비침해의 경계를 명확히 구별하기 위한 규범적인 개념으로써, 물리적·기계적·형식적으로는 복제에 해당하더라도 저작권법상으로는 복제나 침해에 해당하지 않을 수 있다. 복제 여부를 인정할 때에는 형식적으로 유형적인 재제(再製)가 있는지만이 아니라, 그 밖의 여러 요소를 감안하여 규범적으로 판단하여야 하므로, 어떤 미술저작물이 사진에 촬영되었더라도 직접적으로 촬영된 것이 아니라 간접적이고 부수적으로 이용된 것에 불과한 경우로서 이용 목적과 방식, 그 이용이 당해 저작물에 대하여 갖는 실질적인 권리나 경제적 가치에 미치는 영향의 정도 등을 고려하여 저작권 침해에 해당하지 않는다고 볼 수 있다"는 전제 하에서 이 사건을 바라보았다.

그래서 2심 법원은 "이 사건 저작물은 응용미술저작물에 해당하지만, 도안이 갖는 표현력 가운데 상당 부분은 불특정 다수의 공중에 의해서 부여된 것으로서 자유 이용이 가능한 공중의 영역 내에 있거나 그에 근접해 있는 점, 월드컵에 대한 이미지와 기억을 효과적·구체적으로 되살려 표현하기 위해서는 당시에 널리 사용된 도안이 인쇄된 티셔츠와 두건 등의 사물을 이용하는 것이 부득이하거나 필수적인 점, 도안이 이용된 모든 경우에 이용 허락을 받도록 한다면 2002년 당시 공중이 집단적으로 형성한 월드컵 이미지를 표현할 자유 또는 표현 방법 선택의 자유가 부당하게 제한될 우려가 있는 점, 도안을 위 사진에서 이용한 것은 도안의 보호 범위 밖에 있는 점, 위 사진은 도안을 이용하였으나 이를 완전히 소화하여 작품화함으로써 도안과 실질적 유사성이나 종속적 관계를 인정할 수 없는 별개의 독립적인 새로운 저작물인 점 및 A회사가 영위하고 있는 포토 라이브러리업의 영업 방법상 특성 등 제반 사정에 비추어, A회사가 위 사진들을 게시한 행위로 인하여 도안에 관한 저작권이 침해되었다고 보기 어렵다"고 판단함으로써, 결국 이 사건 사진들은 이 사건 저작물과 실질적 유사성이 인정되지 않거나 A회사가 이 사건 저작물이 표현되어 있는 이 사건 사진들을 홈페이지에 게시함에 따른 이 사건 저작물의 복제 등은 저작권법 제28조가 규정한 '공표된 저작물의 인용'에 해당한다는 취지로 이 사건 저작권 침해를 인정하지 않았다.

그러나 대법원에서는 이를 뒤집고 이 사건 사진들과 이 사건 저작물은 실질적으로 유사하고, 이 사건 사진들을 통한 이 사건 저작물의 복제 등의 행위는 공표된 저작물의 인용에도 해당하지 않는다고 판단하였다(공표된 저작물 인용 여부와 관련해서는 차후에 자세히 살펴보도록 하겠다).

(5) 〈광화문 입체 퍼즐〉 사건

실제 존재하는 역사적 건축물을 축소한 모형의 창작성이 문제되는 경우에 있어 건축물을 단순히 축소하거나 변형의 정도가 경미한 경우에는 저작물 작성자의 창조적 개성이 드러났다고 보기 어렵지만, 역사적 건축물을 축소하는데 그치지 않고 이를 넘어서서 상당한 수준의 변형이 수반되었다면 그 표현의 창작성을 인정할 수 있다.

이와 관련하여 광화문 모형 입체 퍼즐의 저작물성 여부와 이와 유사하게 만든 숭례문 모형 입체 퍼즐의 실질적 유사성 여부가 문제된 사건이 있었는데, 이에 대해 살펴보자.

〈광화문 입체 퍼즐〉 사건[73]

A회사는 광화문 등의 건축물에 대한 평면 설계도를 우드락에 구현하여 칼이나 풀을 사용하지 않고 뜯어 접거나 꽂는 등의 방법으로 조립할 수 있는 입체 퍼즐을 제조·판매하고 있는데, B 등은 A회사를 퇴사한 후 회사를 설립하여 A회사와 유사한 입체 퍼즐을 제조하여 판매하고 있다. 이에 A회사가 B 등을 상대로 저작권 침해에 따른 손해배상 등 청구 소송을 제기하였다.

---

73) 서울고등법원 2016. 5. 12. 선고 2015나2015274 판결

■ A회사의 광화문 모형 입체 퍼즐과 B 등의 숭례문 입체 퍼즐의 실
  질적 유사성 여부(O)

A회사의 주장

A회사의 입체 퍼즐의 전체적인 외형은 창작성이 있고, B 등
의 입체 퍼즐은 A회사의 입체 퍼즐과 실질적으로 유사하므
로, B 등은 A회사의 저작권을 침해하였다.

B 등의 반박

A회사의 광화문 모형은 그 시대의 건축 양식이 반영된 역사
적 건조물을 우드락 퍼즐의 조립이라는 방식으로 최대한 실
제와 유사하도록 구현한 것이기 때문에 최종 입체물은 누가
하더라도 같거나 비슷할 수밖에 없다. 그러므로 A회사의 퍼
즐 모형에 저작물 작성자의 창조적 개성이 특별히 드러나 있
다고 보기 어렵고, 무엇보다 A회사의 퍼즐 모형과 B 등의 퍼
즐 모형 사이에는 실질적 유사성이 없다.

법원의 판단

A회사의 광화문 모형의 완성된 외관은 실제 광화문을 축소
하는데 그치지 않고 이를 넘어서서 성벽과 지붕의 비율, 정
면 및 측면에서 본 지붕의 경사, 지붕의 색깔, 처마 밑의 구
조물의 생략 및 2층 창문의 단순화, 지붕의 가운데를 접어서

입체감을 표현한 것 등 상당한 수준의 변형이 있으므로 그 표현의 창작성이 인정된다(즉, 2차적저작물로 인정됨).

이러한 A회사의 광화문의 완성된 외곽에서 나타나는 창작적 표현이 B 등의 숭례문 모형에서도 그대로 드러나 있으므로, 양 저작물은 실질적으로 비슷하다고 할 수 있다.

따라서 B 등이 숭례문 모형의 입체 퍼즐을 판매하는 것은 A회사의 광화문 입체 퍼즐에 관한 복제권 또는 2차적저작물작성권 등 저작재산권을 침해하는 행위에 해당한다.

평석

이 사건의 법원은 어떤 제품이 아무리 역사적 건조물과 유사한 모양의 디자인을 하고 있고, 그것이 기능적 저작물에 해당한다고 하더라도, 함부로 그 저작물성을 부인해서는 안 되고, 그 표현에 창작성이 있는지 여부를 심도 있게 검토해서 그 창작성 여부에 따라 저작물성 인정 여부를 판단해야만 한다는 점을 분명히 하였다.

｜2｜
미술저작물의 저작권 침해에 따른 손해배상 등

1 고의 또는 과실

앞서 본 바와 같이, 저작권이 침해되었다고 하기 위해서는 침해되었다고 주장하는 기존의 저작물과 대비 대상이 되는 저작물 사이에 실질적 유사성이 있다는 점과 대비 대상 저작물이 기존의 저작물에 의거하여 이루어졌다는 점이 인정되어야 한다. 나아가 저작권 침해로 인하여 손해배상책임이 발생하기 위해서는 행위자의 고의·과실 등 민법 제750조에 의한 불법 행위 성립 요건이 구비되어야 한다. 저작권 침해에 따른 손해배상이 인정되기 위해서는 저작권 침해 요건인 의거성 및 실질적 유사성 말고도 침해자에게 고의 또는 과실이 인정되어야 한다는 뜻이다.

이러한 고의 또는 과실에 대한 입증 책임은 손해배상을 청구하는 측이 부담하는 것이 원칙이다. 침해자의 과실에 대해서는 실무상 침해자의 주의 의무를 넓게 인정하여 그 입증의 어려움을 완화하고 있고, 저작권법에서도 등록된 저작권 등을 침해한 자는 그 침해 행위에 과실이 있는 것으로 추정하는 규정을 두고 있다(저작권법 제125조 제4항). 따라서 저작권 침해자가 자신에게 과실이 없다고 하기 위해서는 저작권의 존재를 알지 못하였다는 점을 정당화할 수 있는 사정이 있음을 스스로 주장·입증해야 한다.

한편, 형사범죄인 저작재산권의 침해죄는 고의범만 처벌하기 때문에 과실범은 민사상 손해배상책임을 부담하게 하는 것은 별론으로 하고, 형사상 처벌의 대상으로 삼을 수는 없다. 이는 저작권법에 저작재산권 침해죄에 관한 과실범 처벌 규정을 별도로 두고 있지 않기 때문이다. 그리고 이러한 저작재산권 침해죄가 성립되기 위한 고의의 내용은 저작재산권을 침해하는 사실에 대한 인식이 있으면 충분하고, 그 인식은 확정적인 것은 물론 불확정적인 것 즉, 이른바 미필적 고의로도 인정된다.[74]

이하에서는 미술저작물과 관련된 저작권 사건에서 침해자에게 저작권 침해에 따른 손해배상의 책임을 지우기 위한 고의 또는 과실이 있는지가 쟁점이 된 사건들에 대해 살펴보도록 하겠다.

---

74) 대법원 2005. 12. 23. 선고 2005도6403 판결 등

〈미술품 배경 포스터〉 사건[75]

A는 미술작가로서 회화 6점(이하 'A의 작품'이라 함)을 제작하였는데, C는 A의 동의하에 자신이 경영하는 술집(이하 'C의 술집'이라고 함) 한 쪽 벽에 A의 작품을 전시하였다.

B회사는 소속 그룹 '샤이니'의 콘서트 포스터(이하 '이 사건 포스터'라고 함) 촬영을 D스튜디오에 도급을 주었는데, D스튜디오 매니저 E, 사진작가 F는 위 포스터 촬영을 C의 술집에서 진행하기로 하고, A의 작품이 걸려 있는 벽면을 배경으로 그룹 샤이니 멤버들이 앉아 있는 모습을 촬영한 후, 이를 포스터로 제작하여 공연 인터넷 예매 사이트에 게재했다.

A는 이 사실을 알게 되자 B회사가 A의 동의 없이 A의 작품을 이 사건 포스터의 배경으로 사용하여 무단으로 복제·배포하고 있으니 이를 중단하여 달라는 내용의 내용증명우편을 B회사에 보냈고, 그 후 다시 B회사에 이 사건 포스터 사용을 중단해 달라는 내용증명우편을 보냈다. 그리고 A는 B회사가 이 사건 포스터를 직접 촬영한 주체라는 전제하에서 저작물인 A의 작품을 배경으로 이 사건 포스터를 촬영함으로써 A가 A의 작품에 대해 가지는 저작권을 침해했다는 이유로 B회사를 상대로 하여 손해배상 청구 소송을 제기하였다.

---

75) 서울중앙지방법원 2012. 2. 10. 선고 2011나48147 판결

■ B회사에게 A의 작품에 대한 저작권을 침해한 데 대하여 고의 또는 과실이 있는지 여부(X)

B회사의 G과장은 이 사건 포스터 촬영 이전부터 C의 술집에 간 적이 있고 A의 작품도 본 적이 있으며, D스튜디오 매니저의 추천으로 C의 술집을 촬영 장소로 지정하게 된 사실을 인정할 수 있다.

그러나 B회사의 G과장은 D스튜디오 E에게 촬영 배경이 될 그림에 저작권상 문제가 없어야 한다고 여러 번 설명하였고 이에 E는 술집을 경영하는 C로부터 A는 C의 술집에 오던 손님인데 A의 작품을 선물로 주어 위 C의 술집에 전시하게 된 것이고, A는 이미 외국에 가 버렸다고 들은 사실을 인정할 수 있다.

게다가 광고 포스터 촬영 업무는 실제 제작하는 자의 재량 하에 그 촬영 배경, 촬영 방식 등이 선택되어 이루어지게 되는 점을 더하여 보면, 이 사건 포스터 촬영의 도급인에 불과한 B회사에게 저작권 침해의 고의가 있었다거나 A의 작품이 무단으로 사용된 것이어서 A의 저작권을 침해하는 것은 아닌지 확인하여야 할 주의 의무가 있었음에도 불구하고 이를 게을리 한 과실이 있었다고 보기 어렵다 할 것이다.

평석

이 사건에서 법원은 "A의 작품은 회화의 대상인 인물의 얼굴과 머리, 표정 등의 묘사, 인물과 배경의 무늬와 색채, 인물을 따라 그려진 음영, 회화의 전체적인 질감 등에 있어서 제작자인 A의 창조성과 개성이 뚜렷이 반영되어 있다"고 판시하여 A의 작품의 저작물성을 인정하였다.

이 사건 포스터는 A의 작품을 배경으로 하여 그 포스터 내에 A의 작품이 복제되어 있고, 이 사건 포스터를 B회사가 인터넷에 게재하였으므로, 이 사건과 관련하여 침해되는 저작재산권은 복제권과 공중송신권이라고 할 수 있다.

이와 같이 객관적인 사실만을 놓고 보면, B회사는 A의 저작권을 침해했다고 할 수 있지만, 저작권 침해라는 불법적인 행위가 최종 성립되기 위해서는 침해자가 타인의 저작권을 침해하고자 하는 고의 또는 그러한 과실이 있어야만 한다.

그런데 이 사건에서 B회사는 이 사건 포스터를 D스튜디오에 도급을 주었고, B회사의 직원인 G과장은 D스튜디오의 E에게 여러 차례 A의 작품과 관련된 저작권 침해 문제가 발생하지 않도록 주의를 주었기 때문에 B회사로서는 이 사건 포스터 제작과 관련하여 A의 작품에 대한 A의 저작권을 침해할 고의 또는 과실이 있었다고 보기는 어렵다는 것이 이 사건 법원의 판단이다.

위 사건과는 달리 앞서 본 〈영화 축제 글자체〉 사건(76쪽 참고)에서는 저작권 침해자에게 과실이 있음을 인정했다.

■ B회사(영화 〈축제〉 제작사)에게 A(저작권자)의 이 사건 글자에 대한 저작권을 침해한 데 대하여 고의 또는 과실이 있었는지 여부(O)

영화 〈축제〉를 제작한 B회사는 영화 포스터 디자인 제작을 도급받은 D가 제작한 위 포스터 디자인을 채택함에 있어 위 디자인상의 이 사건 글자가 A의 작품임을 알았으면서도 그 사용 승낙을 받았는지에 대하여 알아보지 않음으로써 주의 의무를 태만히 하고, 저작권자 A로부터 이 사건 글자가 A의 사용 승낙 없이 사용되고 있다는 항의를 받고서도 아무런 조치를 취하지 아니한 채 이 사건 글자를 위 홍보물 등에 사용하고 그 사용에 있어 A의 성명을 표시하지 아니함으로써 A의 위 저작재산권과 저작인격권을 침해하였다 할 것이다.

■ C(소설 〈축제〉 출판업자)에게 A의 이 사건 글자에 대한 저작권을 침해한 데 대하여 고의 또는 과실이 있었는지 여부(O)

소설 〈축제〉를 출판한 C 역시 A로부터 이 사건 글자가 A의 사용 승낙 없이 사용되고 있음을 항의를 받고서도 그 사용을 중단하는 등의 아무런 조치를 취하지 아니한 채 이 사건 글자를 위 소설 표지 등에 사용하고 그 사용에 있어 A의 성명을 표시하지 아니함으로써 A의 저작재산권과 저작인격권을 침해하였다 할 것이다.

이러한 법원의 태도에 따르면, 타인의 저작물을 사용하기 전부터 그 사용에 대한 저작권 문제를 적극적으로 해결하지 않는 경우 그리고 무단 사용 후 저작권자로부터 항의를 받았을 때 적극적인 조치를 취하지 않은 경우 등에 있어서는 타인의 저작권 침해에 대한 과실이 인정될 수 있음을 알 수 있다.

2 손해액의 산정

– 저작재산권 침해에 따른 손해액의 산정

실무에서 저작권 침해 사건들을 상담하거나 처리하다 보면, 비록 저작권 침해에 해당하더라도 그에 따른 손해액을 산정하기가 곤란한 경우가 많이 있다. 즉, 저작권 침해는 명확하게 밝혀졌더라도 그에 따른 손해액을 어떻게 그리고 얼마로 산정하여야 하는지는 생각만큼 쉬운 일이 아니다.

이에 저작권법에서는 이러한 저작권자 등의 손해액 입증의 곤란함을 덜어주기 위해 저작재산권에 관한 별도의 손해액에 관한 추정 규정(저작권법 제125조 제1항: 권리를 침해한 자가 그 침해 행위에 의하여 이익을 받은 때에는 그 이익액을 저작재산권자 등이 받은 손해액으로 추정한다는 규정) 등을 두고 있다.

① 저작권 침해로 인해 침해자가 얻은 이익을 저작권자의 손해액으로 추정해서 그 금액을 청구할 수 있다(저작권법 제125조 제1항). 원칙적으로 저작권자가 저작권 침해로 인해 입은 소극적 손해 즉, 침해 행위가 없었더라면 얻을 수 있었을 이익의 상실액(시장이익의 감소분)에 대한 배상을 구하기 위해서는 저작권 침해 결과 직접적으로 저작권자가 상실한 판매 이익을 입증하여야 하지만, 현실적으로 어렵기 때문에 그 입증을 용이하게 하기 위하여 침해자의 이익을 권리자의 손해액으로 추정하는 위와 같은 규정을 둔 것이다.

그러나 이러한 추정은 어떤 경우에나 적용되는 무조건적 추정이라 할 수는 없고, 위와 같은 입법 취지에 비추어 볼 때 침해자의 판매 증대가 권리자의 판매 감소로 이어지는 시장 침해적 관계가 형성되어 있거나 형성될 여지가 있을 것을 전제로 하는 것이며, 만일 침해자가 저작권자와 침해자 이외에 경쟁 관계에 있는 제3자가 있다는 사실, 침해자의 이익액이 피해자의 주장과 다르다는 사실, 침해자가 자신이 얻은 이익액이 권리 침해로 인하여 발생한 실제 손해액보다 많은 사실에 관하여 입증에 성공하면 위 추정은 번복될 수 있다.

② 침해자의 이익을 산정하기 곤란한 경우에는 저작권자가 통상 자신의 저작물을 제3자에게 이용하도록 하는 등의 경우에 받을 수 있는 금액을 손해액으로 간주하여 그 금액을 청구할 수 있다(저작권법 제125조 제2항). 이는 저작권자가 침해 행위와 유사한 형태의 저작물 이용과 관련하여 저작물 이용

계약을 맺고 이용료를 받은 사례가 있는 경우라면, 특별한 사정이 없는 한 그 이용계약에서 정해진 이용료를 저작권자가 그 권리의 행사로 통상 받을 수 있는 금액으로 보아 이를 기준으로 손해액을 산정할 수 있다는 것을 의미한다.[76)

그러나 실무적으로는 침해자의 저작권 침해 수량 내지 침해 횟수 그리고 이를 통한 이익 산정에 있어서 저작권 침해 관련 부분의 불가결성, 중요성, 가격 비율, 양적 비율 등을 참작하여 정량적인 수치를 도출해내는 것은 매우 어려운 일임은 물론, 그마저도 이를 입증하기 위한 관련 증거들이 모두 침해자의 지배 영역 내에 존재하고 있다 보니 저작권자로서는 그러한 자료를 온전히 확보할 수가 없는 것이 현실이다. 때문에 위 저작권법 제125조 제1항에 따른 이익을 산출해내기가 어려워 이를 저작권자의 손해로 추정하기가 곤란하고, 또한 일반적으로는 위 저작권법 제125조 제2항에 따른 통상 수익액으로 볼 만한 객관적인 자료가 없는 경우가 대부분이기 때문에 저작권자의 손해로 간주할 만한 근거 자료를 찾기도 상당히 어렵다.

그래서 법원에서는 통상 저작권법 제126조에 따라 위와 같은 객관적 손해액 산정의 어려움을 이유로 여러 사정 등을 참작하여 상당한 손해액을 재량에 따라 인정하고 있다. 이와 같이 법원에 의해 인정되는 손해액은 객관적인 자료가 아

---

76) 대법원 2009. 5. 28. 선고 2007다354 판결

닌 법원의 재량에 의해 인정되는 금액이다 보니 그 손해액이 소액에 머무는 경우가 대부분이다. 이러한 이유로 저작권자 입장에서는 과다한 시간과 비용이 소요되고 엄격한 입증 책임을 요구하는 민사소송을 제기하기 보다는 절차적인 측면이나 합의 가능성 등 여러 가지 면에서 용이하게 진행될 수 있는 형사 고소를 택하는 경우가 일반적이다.

이에 저작권법에서는 저작권 침해 문제를 형사적으로 해결하는 방법을 지양하고, 보다 실효성 있는 민사적 해결 방안으로 '법정손해배상의 청구'라는 규정을 신설하였다(저작권법 제125조의2). 법정손해배상의 청구란 손해액 산정과 관련된 엄격한 입증 책임으로 인해 권리자가 저작권 침해에 따른 실손해액을 정확히 산정하기가 어렵고 이를 입증하기 위한 증거 등을 제대로 확보할 수가 없다는 현실적인 한계를 극복하기 위해 권리자가 구체적인 손해액을 입증함이 없이도 법에서 미리 정한 일정한 금액의 범위 내에서 손해액을 청구할 수 있도록 하는 제도이다.

그 구체적 내용은 저작재산권자 등이 실손해액 등에 갈음하여 저작물당 1천만 원(영리를 목적으로 고의로 침해한 경우에는 5천만 원) 이하의 범위에서 상당한 금액의 배상을 청구할 수 있도록 하고 있고(저작권법 제125조의2 제1항), 다만, 이러한 법정손해액을 청구하기 위해서는 침해 행위가 일어나기 전에 저작물 등이 등록되어 있을 것을 요건으로 하고 있다(저작권법 제125조의2 제3항).

그러나 우리 저작권법상의 법정손해배상 청구는 아직 그것이 시행된 지가 얼마 되지 않아 현재로서는 이와 관련된 법원의 판례가 충분히 축적되지 않은 상태이기 때문에, 실무적으로 그것이 어떻게 적용되고 그리고 얼마나 활용될 수 있을지는 앞으로 법원의 판례를 기다려 볼 필요가 있을 것이다.

미술저작물의 경우에도 저작권 침해에 따른 손해액 산정 시 위와 같은 방식으로 손해액을 산정하면 된다. 이하에서 소개할 사건에서는 저작권 침해에 관한 구체적인 판단부분은 생략하고, 저작권 침해에 따른 손해액 산정 부분에 대해서만 자세히 살펴보도록 하겠다.

위에서 본 바와 같이, 저작권자의 손해액을 산정함에 있어서 변론 과정에서 현출된 자료만으로는 저작권법 제125조 제1항에 따른 이익을 저작권자의 손해로 추정하기가 곤란한 경우가 많고, 또한 저작권자가 자신의 저작물을 제3자에게 이용하도록 하는 등의 경우에 받을 수 있는 통상적인 수익액을 입증할 만한 자료가 존재하는 경우가 거의 없기 때문에, 법원은 대부분의 저작권 침해 사건에서 그 손해액을 산정할 때 변론 전체의 취지 및 증거 조사의 결과를 참작하여 재량에 따라 상당한 손해액을 인정하고 있다.

(1) 〈구름이미지〉 사건

앞서 본 〈구름이미지〉 사건(70쪽 참고)에서 법원은 저작권 침해에 따른 손해액을 산정함에 있어서 저작권법 제125조 제1항 및 제2항을 적용하는 것은 타당하지 않다고 판단하고, 저작권법 제126조에 따라 손해액을 인정했다. 이에 관한 자세한 내용은 아래와 같다.[77]

■ 저작권법 제125조 제1항 적용 여부(X)

 A의 주장

B회사가 B회사 등 게임물의 제작 및 공급으로 인하여 얻은 순이익에 구름 이미지의 게임물 제작에 대한 기여도 10%를 곱한 금원을 이 사건 침해 행위에 의하여 얻은 이익으로 보고, C회사는 게임 제작업체와 게임 유통업체 사이의 통상적인 수익 분배 비율인 3:7 또는 2:8 분배 비율상 B회사보다 훨씬 많은 이익을 얻었을 것이므로, B회사의 이익액 상당액을 C회사가 이 사건 침해 행위에 의하여 얻은 최소 이익으로 보면, B회사 등은 A에게 적어도 B회사의 순이익에서 위 기여도 10%를 곱한 금원의 두 배(B회사의 최소 순이익과 C회사의 최소 순이익을 합한 금원)를 지급하여야 한다.

---

77) 서울중앙지방법원 2012. 9. 25. 선고 2012가합503548 판결

구름 이미지가 차지하는 비중은 B회사 등의 게임물 가운데 일부분에 불과한데, 그 기여도 산정에 관한 객관적인 자료가 없고, 저작권 침해 부분의 불가결성, 중요성, 가격 비율, 양적 비율 등을 참작하여 정량적인 수치를 도출해내는 것은 매우 어려운 점에 비추어, B회사의 순이익에서 이 사건 침해 행위에 의하여 받은 이익을 산출해내기 곤란하다. C회사의 이익액 역시 도출하기 어려울 뿐만 아니라, A가 주장하는 수익 분배 약정이 존재한다거나 C회사가 이 사건 침해 행위로 인하여 A가 주장하는 위 이익액 상당액을 얻었다는 점을 인정하기 부족하다. 그리고 A가 이 사건 침해 당시 B회사 등과 동종 영업에 종사하지 않았고, 장래에도 같은 종류의 영리 행위를 할 개연성도 높지 않으므로, B회사 등의 이익액을 A의 손해로 추정하기 어렵다.

■ 저작권법 제125조 제2항 적용 여부(X)

 A의 주장

① 한국저작권위원회가 A의 물방울 이미지 저작물 1건에 대한 저작권 침해 사건에서 침해자에 대한 배상액으로 조정 결정한 400만원의 금액 산정을 기초로 이 사건 침해 행위로 인한 A의 통상 수익액을 산정한 금원(B회사 등의 게임물이 유통된 한국, 대만, 일본, 미국의 국가별 통상 수익액을 합한 금액이고, 이하 다른 기준치

를 적용한 A 주장의 통상 수익액 역시 위 각 국가별 통상 수익액을 합한 금액임), 또는 ② 동종 구름 이미지의 일반 사용료 금액에 무단 사용 가중치 10배 또는 5배를 곱하여 이 사건 침해 행위로 인한 통상 수익액을 산정한 금원을 지급하여야 한다.

 법원의 판단

1) 한국저작권위원회 주관의 조정 금액 400만 원을 기초로 A의 이 사건 통상 수익액을 산정할 수 있는지 여부(X)

위 조정 사건과 관련된 저작권 침해의 내용, 경위, 조정이 이루어진 구체적 사정 등에 관하여 확인할 수 있는 아무런 증거가 없으므로, 위 조정 금액을 이 사건 A의 구름 이미지에 대한 통상 수익액에 대한 기초 금액으로 고려할 수 없다.

2) 동종 구름 이미지의 사용 허락 대금을 기초로 산정한 A 주장의 통상 수익액으로 산정할 수 있는지 여부(X)

각 사용 허락 대금 산정을 위하여 선택된 용도, 사용 매체, 배포 범위 등(유료 앱의 아이콘 또는 앱-리테일에 사용할 목적으로 게임·장난감 등에 사용)은 B회사 등의 이 사건 침해 행위의 그것(유료 온라인 게임용)과 달라서 A의 통상 수익액 상당의 기준치로 삼을 수 없고, 저작권법 제125조 제2항(저작재산권자 등이 그 권리의 행사로 통상 받을 수 있는 금액에 상당하는 액)이 저작물 사용 허락 대금에 무단 사용 가중치를 적용한 금원이라고 볼 근거도 없다.

■ 저작권법 제126조 적용 여부(O)

D사이트는 세계적으로 유명한 디지털 이미지 전문 판매 대행 사이트이고, 인터넷 홈페이지 사용 용도를 '판매용 제품 및 포장'으로, 사용 매체를 '온라인/모바일/앱 용 게임'으로, 배포 기간을 1년으로 정한 사진·일러스트·명화/회화 이미지의 사용 허락 대금이 100,000원으로 기재되어 있는 점, B회사 등의 게임물이 B회사에 의하여 제작된 다음 C회사에 의하여 국내, 대만, 일본, 미국에서 온라인상에 제공된 점 등을 종합하면, B회사 등이 A의 구름 이미지들을 사용하고 B회사 등의 게임물을 제작·공급·판매하여 A에게 입힌 손해는 1,200만 원이라고 봄이 상당하다.

평 석

이 사건에서 법원은 저작권법 제125조 제1항의 손해액 산정 방식은 A의 구름 이미지가 B회사 등의 게임물에서 차지하는 기여도 등을 객관적으로 산정할 수 없다는 등의 이유로 적당하지 않다고 판단했고, 저작권법 제125조 제2항 또한 A의 구름 이미지 이용 허락을 통해 A가 통상 받을 수 있는 금액에 관한 객관적인 자료가 존재하지 않는다는 취지로 적절하지 않다고 판단했다. 결국 저작권법 제125조의 규정에 따른 손해액 산정이 어려운 경우에 적용하는 저작권법 제126조에 따라 변론 전체의 취지 및 증거 조사 결과를 참작하여 상당한 손해액을 산정하는 방식을 택했다.

(2) 〈여인상〉 사건

앞서 본 〈여인상〉 사건(238쪽 참고)에서도 법원은 극장의 입장료 수입 등에서 B극장 등 디자인이 기여한 범위를 파악할 자료 등이 없어서 침해자의 이익을 기준으로 손해액을 산정하는 저작권법 제125조 제1항의 적용은 타당하지 않다고 보고, 저작권법 제126조에 따라 손해액을 산정했다.

■ 저작권법 제125조 제1항 적용 여부(X)

 A의 주장

1) B극장의 저작권 침해로 인한 손해액

B극장의 매월 수입액 가운데 저작권 침해로 인한 비율을 5%로 산정하고, B극장 등 디자인이 약 27개월간 사용되었으므로, B극장은 A에게 저작권 침해로 인한 손해액으로 이에 따라 산정된 금원을 지급할 의무가 있다.

2) C회사의 저작권 침해로 인한 손해액

C회사는 A에게 B극장과 체결한 디자인 제작 계약에 따른 대금을 저작권 침해로 인한 손해액으로 지급할 의무가 있다.

법원의 판단

1) B극장에 대한 청구와 관련하여

입장료 수입과 상품 판매 수입에서 B극장 등 디자인이 기여한 범위를 파악할 자료가 없고, 이 사건 A 디자인 침해에 대한 책임이 인정되는 시기의 수입을 인정할 자료도 없다.

2) C회사에 대한 청구와 관련하여

C회사가 B극장과의 디자인 제작 계약에 따라 받은 대금에는 디자인 제작 대가 이외에 각종 홍보물 제작비용 등도 포함되어 있어 위 대금에서 저작권 침해로 인하여 C회사가 얻은 이익액을 파악할 수 없다.

■ 저작권법 제126조 적용 여부(O)

B극장은 B극장 등 디자인을 이 사건 공연을 홍보하는 수단뿐만 아니라 B극장의 이미지를 나타내는 수단으로도 광범위하게 사용해 왔으나, 불법 행위가 인정되는 시기는 A의 내용증명을 받은 때로부터 채 6개월이 되지 않는 비교적 짧은 기간인 점, C회사는 A의 저작권을 침해하는 방법으로 B회사 등 디자인을 제작하여 그 제작 대금 상당의 이득을 얻었으나, 이 사건 A 디자인은 전통적 여인상을 표현한 것으로서 전통적 여인상을 표현한 다른 디자인들과도 어느 정도 유사

273

한 부분이 있는 점, 그 밖에 B극장과 C회사 사이에 체결한 디자인 제작 계약의 대금, B회사 등의 저작권 침해 방법 등을 함께 고려해보면, 이 사건 A 디자인에 대한 저작재산권을 침해함으로 인하여 배상해야 할 손해액은 B극장의 경우 2,500만 원, C회사의 경우 4,500만 원이라고 봄이 상당하다.

평석

이 사건에서 법원은 저작권 침해에 따른 손해액 산정 방식 가운데 B극장 등의 이익액을 기준으로 손해액을 산정하는 방식은 이 사건 A 디자인이 B극장 등의 입장료 수입 등에 기여한 정도를 객관적으로 알 수 없다는 등의 이유로 적절하지 않다고 판단했다. 그리고 제125조 제2항에 따른 손해액 산정과 관련해서는 A가 이에 대해 별도로 주장한 바가 없었기 때문에 바로 저작권법 제126조에 따라 B극장 등의 저작권 침해로 인한 손해액을 산정하였다.

(3) 〈이불 문양〉 사건

이 사건에서 법원은 일부 피고에 대해서는 저작권자가 현실적으로 입은 손해액이나 침해자의 저작권 침해 행위에 의하여 받은 이익액 또는 저작권자가 저작권 행사로 통상 받을 수 있는 금액의 액수를 추단할 수 없다는 이유로 저작권법 제126조에 따라 손해액을 산정하였다.

법원은 저작권법 제125조의2에 따라 법원이 손해액을 정하는 경우도 변론의 취지와 증거 조사의 결과를 고려하여 상당한 액수를 정하여야 하기 때문에 저작권법 제126조에 의한 인정 방식과 큰 차이가 있다고 할 수 없다고 판시했다.

〈이불 문양〉 사건[78]

A1은 침구 상품을 제조·판매하다가 침구 상품 등에 적용할 수 있는 패턴(이하 '이 사건 저작물'이라고 하고, 이 사건 저작물에 관한 저작권을 '이 사건 저작권'이라고 함)을 미술저작물로 저작권 등록했다. A2회사는 A1과 사업 포괄 양도·양수 계약을 체결하고, A1이 운영하던 사업 전부를 포괄적으로 양수하면서, 이 사건 저작물에 관한 저작권과 그 권리의 침해로 인하여 발생한 제3자에 대한 손해배상청구권을 함께 양수하였다.

B는 침구 상품의 생산·판매업을 하는 사람으로서 침구 상품을 적용할 패턴(이하 'B의 패턴'이라고 함)으로 침구 상품을 생산·판매하고 있고, C는 의류, 이불 등에 사용되는 섬유 나염지 디자인 및 판매에 종사하는 사람으로 B의 패턴을 가진 침구 상품의 원단을 제조하여 판매하였다. 이에 A1과 A2회사(이하 A1과 A2회사를 통칭할 경우 'A1 등'이라고 함)는 B와 C를 상대로 A1에 대한 저작인격권 침해와 A2회사에 대한 저작재산권 침해에 따른 손해배상 등 청구 소송을 제기하였다.

---

78) 서울고등법원 2015. 3. 26. 선고 2014나34340 판결

■ C의 침해로 인한 손해액

저작권법 제125조의2에 의하면, 등록된 저작물에 대한 저작
재산권자 등은 고의 또는 과실로 권리를 침해한 자에 대하
여 실제 손해액이나 제125조 또는 제126조에 따라 정해지는
손해액에 갈음하여 침해된 각 저작물 등마다 1천만 원(영리를
목적으로 고의로 권리를 침해한 경우에는 5천만 원) 이하의 범위에서 상당
한 금액의 배상을 청구할 수 있고, 법원은 이러한 청구가 있
는 경우에 변론의 취지와 증거 조사의 결과를 고려하여 상
당한 손해액을 인정할 수 있도록 되어 있다.

이 사건 저작물의 내용, 형식 및 창작성의 정도, C가 이 사
건 변론에 출석하지 않고 A1 등의 주장에 대하여 다투지 않
고 있는 점 등을 고려해 볼 때, C에 대한 저작권법 제125조
의2에 따른 법정손해배상 금액은 20,000,000원으로 정함이
상당하다.

■ B의 침해로 인한 손해액

이 사건 변론 과정에서 드러난 자료만으로는 A2회사가 현실
적으로 입은 손해액이나 B가 저작권 침해 행위에 의하여 받
은 이익액 또는 A2회사가 저작권 행사로 통상 받을 수 있는
금액의 액수를 추단할 수 없다. 따라서 이 사건은 저작권법
제126조에 따라 손해액을 인정할 수밖에 없다. 이 사건 저작
물의 내용, 형식 및 창작성의 정도, A2회사의 매출액과 매출

감소의 규모, 침해 행위의 규모와 침해 기간, B의 영업 규모, B가 B의 패턴을 이용하여 생산한 침구 상품의 판매와 그에 따른 이익에 관한 어떠한 자료도 제출하지 않고 있는 사정 등을 종합하여, B의 이 사건 저작권 침해로 인하여 A2회사가 입은 상당한 손해액을 45,000,000원으로 인정한다.

평 석

이 사건에서 A2회사는 B와 C의 이 사건 저작권 침해로 인한 각각의 손해액 산정과 관련하여 저작권법 제125조의2 규정에 의한 법정손해배상을 청구하였으나, 이 사건 변론 과정에서 어떠한 대응도 하지 않은 C에 대해서는 위 법정손해배상 청구 규정을 적용하여 손해액을 산정한 반면, B에 대한 손해액 산정과 관련해서는 이 사건 변론 과정에서 드러난 자료 등을 참작하여 법정손해배상 청구 규정이 아닌 저작권법 제126조에 따라 상당한 손해액을 인정하였다.

즉, 법원은 법정손해배상 청구 규정에 따라 법원이 손해액을 정하는 경우와 저작권법 제126조에 의하여 손해액을 인정하는 경우 모두 변론의 취지와 증거 조사의 결과를 고려하여 상당한 액수를 정정하는 점에서는 큰 차이가 없다고 판단하면서 B의 이 사건 저작권 침해로 인한 손해액에 대해서는 법정손해배상 청구 규정이 아닌 저작권법 제126조에 따른 상당한 손해액을 인정한 것이다.

- 저작인격권 침해에 따른 손해액의 산정

저작인격권은 공표권, 성명표시권 및 동일성유지권으로 구성된 권리이고 그것들은 각각이 별개의 권리이기 때문에 그 각각의 침해에 대해 손해배상을 청구할 수 있다. 〈세계대역학전집〉 사건에서 법원은 성명표시권 침해에 따른 손해와 동일성유지권 침해에 따른 손해액을 구분하여 각각 그 손해액을 인정한 바가 있다.[79] 그러나 일반적으로 법원은 저작인격권을 구성하는 권리 침해에 대해서는 각각 판단하면서도 그 손해액은 저작인격권 전체에 대해서 일괄적으로 산정하고 있다.

일반적으로 미술저작물의 저작인격권 침해에 따른 손해액을 산정함에 있어서, 법원은 침해자의 침해 행위의 방법과 기간, 침해 수량 및 종류, 저작권자와 침해자와의 관계, 저작권자의 미술저작물의 예술성, 저작권자의 미술저작물이 무단으로 이용된 범위, 저작권자의 경력과 저명도, 저작권자의 자존심 훼손의 정도, 침해자의 침해 행위의 상업적 의도, 기타 변론 전체의 취지를 통해 나타나는 다양한 사정 등을 종합적으로 고려한다.

---

79) 서울고등법원 1998. 7. 16. 선고 98나1661 판결

(1) 〈전시 부스〉 사건

앞서 본 〈전시 부스〉 사건(209쪽 참고)에서 법원은 이 사건 변론과정에서 나타난 제반사정 즉, A회사(저작권자)의 경력과 저명도, B회사(침해자)의 침해 행위 방법과 기간, 〈전시 부스〉 디자인의 예술성, 저작재산권 침해로 인한 손해배상 등을 고려하여 공표권 침해에 따른 정신적 손해배상액으로 100만 원을 인정했다.

(2) 〈김치 냉장고 디자인 패턴〉 사건

앞서 본 〈김치 냉장고 디자인 패턴〉 사건(213쪽 참고)에서 법원은 A(저작자)가 B회사(침해자)의 위 성명표시권 침해 행위로 인해 자신의 주요 창작물 가운데 하나인 김치 냉장고 디자인 패턴을 장기간 자신의 디자인으로 표시할 수 없어 자신의 포트폴리오에 포함시키지 못한 점, 자신이 아닌 영국의 유명 디자이너가 제작한 것이라는 침해자의 발표, 카탈로그 및 인터넷 광고를 보면서 디자이너로서의 자존심에 큰 상처를 입은 점, 침해자인 B회사는 이 사건 김치 냉장고에 관한 발표 등에 A의 성명을 소극적으로 표시하지 않은 것에 그치지 않고 이 사건 각 디자인의 제작자가 영국의 유명 디자이너라고 적극적으로 표시한 점, B회사의 위 침해 행위는 자신의 이익을 위하여 유명 디자이너가 위 각 디자인을 창작한 것처럼 홍보하여 이 사건 김치 냉장고의 이미지를 고급화하고 판매량 등을 높이고자 하는 상업적인 의도에 따른 것으로 보이는 점 및 이에 더하여 침해의 기간, 침해 제품의 수량 및 종류, 세계적인 기업으로 높은 사회적 책임이 요구되는 B회사 및 B회사에 비해 사회적 약자인 A의 각 지위, 기타 변론 전체의 취지를 통해 나타나는 다양한 사정 등을 고려하여, B회사의 위 성명표시권 침해 행위로 인해 A에게 발생한 정신적 손해로 3천만 원을 인정하였다.

(3) 〈지하철 벽화 무단 사용〉 사건

앞서 본 〈지하철 벽화 무단 사용〉 사건(190쪽 참고)에서 법원은 C회사 등(침해자들)이 A(저작권자)의 동의나 승낙 없이 그 성명을 표시하지 않고 이를 무단 이용함으로써 A는 이 사건 원화에 대하여 그 저작인격권인 성명표시권, 동일성유지권을 침해 당하여 정신적 고통을 받았음이 경험칙상 명백하므로, C회사 등은 저작권자에게 이로 인한 정신적 손해를 배상할 의무가 있다고 한 다음, 이 사건 벽화의 제작 경위, 무단 이용된 범위와 정도, A자의 작가로서의 경력 등 기타 이 사건 변론에 나타난 제반 사정을 고려하여, C회사 등이 A에게 배상하여야 할 위자료 액수로 각 1천만 원을 인정하였다.

3 명예 등 인격적 권리 침해에 따른 손해배상

헌법 제22조 제1항은 '모든 국민은 학문과 예술의 자유를 가진다' 라고 규정하고, 제2항은 '저작자·발명가·과학기술자와 예술가의 권리는 법률로써 보호한다' 라고 규정하고 있다.

이러한 헌법상의 기본권은 1차적으로 개인의 자유로운 영역을 공권력의 침해로부터 보호하기 위한 방어적 권리이지만 다른 한편으로 헌법의 기본적인 결단인 객관적인 가치 질서를 구체화한 것으로써, 사법을 포함한 모든 법 영역에 그 영향을 미치는 것이므로, 개인들 사이의 법률 관계도 헌법상의 기본권 규정에 적합하게 규율되어야 한다. 다만, 기본권 규정은 그 성질상 사법 관계에 직접 적용될 수 있는 예외적인 것을 제외하고는 사법상의 일반 원칙을 규정한 민법 제2조, 제103조, 제750조, 제751조 등의 내용을 형성하고 그 해석 기준이 되어 간접적으로 사법관계에 효력을 미치게 된다.

예술의 자유는 기본권의 침해와 관련한 불법 행위의 성립 여부도 위와 같은 일반 규정을 통하여 사법상으로 보호되는 예술에 관한 인격적 법익 침해 등의 형태로 구체적으로 논의되어야 한다.[80]

저작권 침해 사건에서 명예 등 인격권 침해 등에 따른 위자료와 저작인격권 침해에 따른 위자료는 그 의미가 서로 다르기 때문에, 원칙적으로 저작자는 저작인격권 침해에 따른 손해배상과는 별도로 명예훼손 또는 기타 정신상의 고통으로 인한 위자료를 청구할 수 있다.

---

80) 대법원 2010. 4. 22. 선고 2008다38288 전원합의체 판결

4 침해 정지 등의 청구

저작권을 가진 자는 그 권리를 침해하는 자에 대하여 침해의 정지를 청구할 수 있고, 그 권리를 침해할 우려가 있는 자에 대하여 침해의 예방 또는 손해배상의 담보를 청구할 수 있으며, 이러한 청구를 하는 경우에 침해 행위에 의하여 만들어진 물건의 폐기나 그 밖의 필요한 조치를 청구할 수 있다(저작권법 제123조 제1항, 제2항). 따라서 보통 저작권자는 그 침해자를 상대로 자신의 저작물을 복제, 배포, 전시, 판매 및 판매를 위한 유통 등을 금지시키거나 저작권자의 저작물과 동일하거나 실질적으로 유사한 침해자의 복제물 등을 폐기할 것을 청구하기도 한다. 한편, 저작권자는 위와 같은 본안 청구를 하기에 앞서 가처분을 통해 복제품 등의 제조 및 판매 등을 금지시키는 것이 일반적이다.

(1) 〈모방 공예품 방송 출연〉 사건

〈모방 공예품 방송 출연〉 사건(203쪽 참고)에서 법원은 B(침해자)가 A(저작권자)의 일부 공예품과 실질적으로 동일하거나 유사한 복제품을 만들어서 저작재산권에 해당하는 저작권자의 복제권, 공중송신권을 침해한 이상 앞으로도 A의 저작재산권을 침해할 우려가 있다는 이유로, B에게 A의 위 일부 공예품을 복제, 배포, 전시, 판매 및 판매를 위한 유통을 금지시켰고, 또한 위 일부 공예품과 실질적으로 동일하거나 유사한 복제품인 B의 공예품을 폐기하도록 하였다.

(2) 〈이불 문양〉 사건

〈이불 문양〉 사건(275쪽 참고)에서 법원은 B 등이 A2회사(저작재산권자)의 패턴이 적용된 침구 상품 및 그 원단을 생산, 판매함으로써 이 사건 저작물에 대한 A2회사의 복제권 및 저작자의 저작인격권을 침해하였으므로, A2회사 및 A1(저작자)는 B 등을 상대로 저작권법 제123조 제1항에 따른 침해의 정지 및 저작권법 제123조 제2항에 따른 침해 행위에 의하여 만들어진 물건의 폐기를 구할 수 있음을 인정하였다.

5 명예회복 등에 관한 필요한 조치

앞서 본 저작인격권 침해에 따른 위자료 및 명예 등 인격적 권리 침해에 따른 위자료와는 별개로 저작자는 고의 또는 과실로 저작인격권을 침해한 자에 대하여 손해배상에 갈음하거나 손해배상과 함께 명예회복을 위하여 필요한 조치를 청구할 수 있다(저작권법 제127조). 이러한 명예회복에 필요한 조치로는 침해 사실을 인정하는 해명 광고문과 판결문 또는 정정문 게재 등을 들 수 있다.

다만, 이때의 명예라 함은 저작자가 그 품성, 덕행, 명성, 신용 등 인격적 가치에 대하여 사회로부터 받는 객관적 평가 즉, 사회적 명예를 가리키는 것으로 저작자가 자기 자신의 인격적 가치에 대하여 갖는 주관적 평가 즉, 명예 감정은 포함되지 않는다.

(1) 〈지하철 벽화 무단 사용〉 사건

앞서 본 〈지하철 벽화 무단 사용〉 사건(190쪽 참고)에서는 명예
회복을 위한 필요한 조치로서 저작권자는 침해자들을 상대
로 ① 성명 등 표시 청구와 ② 공고문 게시 청구를 했다.

■ 성명 등 표시 청구 부분

C공사가 A(저작권자)의 이 사건 원화에 대한 성명표시권을 침
해하였고, A로서는 이 사건 원화 또는 그 복제물에 자신의
성명을 표시함으로써 저작물에 주어지는 사회적 평가를 저
작자인 자신에게 귀속시킬 권리가 있다는 이유로 C공사는 명
예회복을 위하여 필요한 조치로서 이 사건 벽화 우측 하단에
저작권자의 이름, 약력, 벽화 제호를 표시할 의무가 있다.

■ 공고문 게시 청구 부분

이 사건 벽화가 A의 저작인격권을 침해하고 그 명예를 훼
손하였다 하더라도, A의 작품에 대한 변형 정도가 크지 않
은 점, 이 사건 벽화를 상업적 목적에 활용한 것은 아니라는
점, C공사 등이 이 사건 벽화를 A가 아닌 다른 사람의 작품
이라고 주장한 것이 아니라 단순히 원작자인 A의 표시를 누
락한 것이라는 점 등에 비추어 그 명예훼손 정도는 크지 않
다고 보이고, 위자료 산정 시 참작한 여러 사정과 인용한 위
자료 액수 등을 종합해서 볼 때 A의 저작인격권을 침해함에

따른 위자료의 지급을 명하고, 이 사건 벽화에 A의 성명 등을 표시하도록 명하는 것으로 충분하고, 이와는 별도로 공고문을 게재할 필요는 없다.

(2) ⟨영화 축제 글자체⟩ 사건

⟨영화 축제 글자체⟩ 사건(76쪽 참고)에서 법원은 이 사건에 나타난 여러 사정을 참작하여 보면, B회사(영화 ⟨축제⟩ 제작사) 등의 저작권 침해로 인하여 A(저작권자)의 명예가 훼손되었으므로 A의 명예 회복을 위한 조치로서, B회사 등은 A가 구하는 바에 따라 이 사건 판결 확정 후 처음 발행되는 동아일보, 조선일보, 중앙일보의 광고란에 가로 8㎝, 세로 9㎝ 크기로, 위쪽에는 해명서라는 제목을 50급 고딕체 활자로 가로로 게재하고, 그 밖의 여백에는 해명서를 12급 명조체의 본문 활자로 1회 각 게재함이 상당하다고 판단하였다.

(3) ⟨원본 이미지 실루엣⟩ 사건

⟨원본 이미지 실루엣⟩ 사건(146쪽 참고)에서 법원은 비록 B회사(침해자)는 A(저작자)의 저작인격권인 동일성유지권과 성명표시권을 침해하였지만, B회사는 단순히 B회사의 이미지를 사용하였을 뿐 이에 더하여 특별히 A의 사회적 평가를 저하하는 다른 행위를 하였다고 보이지는 않는 점, B회사의 행위로 인하여 A가 입었을 것으로 보이는 정신적 손해는 위자료에 의하여 대부분 회복될 수 있는 점, 위자료 산정 시 참작

한 여러 사정과 위자료 액수 등을 종합해 보면, 위자료의 배상에 더하여 B회사에게 명예회복에 필요한 조치로서 B회사의 홈페이지에 B회사의 저작권 침해사실 및 이 사건 판결에서 패소한 사실을 게재할 것을 명할 필요성까지는 인정되지 않는다고 판단하였다.

(4) 〈김치 냉장고 디자인 패턴〉 사건

〈김치 냉장고 디자인 패턴〉 사건(213쪽 참고)에서 법원은 B회사(침해자)의 침해 행위로 인하여 A(저작자)의 사회적 명예가 훼손되었다고 인정하기에 부족하다는 이유로 동아일보, 조선일보, 중앙일보, 한국일보 및 매일경제신문의 각 사회면 광고란에 공고문을 20㎝ × 20㎝ 이상의 크기로 각 3회 이상 게재할 것을 청구한 A의 청구를 받아들이지 않았다.

미술과
공정이용

들어가며

타인의 미술저작물 전부 또는 일부를 허락 없이 이용하면, 원칙적으로는 그 타인의 저작권을 침해하는 것이 되지만 공정이용의 경우에는 저작권 침해가 되지 않는다.

저작권법이 저작권 등을 보호하는 이유는 저작권 등의 보호를 통하여 궁극적으로는 문화 및 관련 산업의 향상을 도모하려는 것이므로, 저작권 등은 저작권자 등의 개인적 이익과 문화 및 관련 산업의 향상이라는 사회적 이익의 비교 형량에 따라 제한될 수 있다. 저작권법은 이러한 비교 형량을 구체화하여 '저작재산권의 제한'이라는 제목 하에 공정이용에 관한 규정들 명시적으로 두고 있다.

따라서 타인의 미술저작물을 이용할 때는 공정이용에 관한 규정들 가운데 어느 것에 해당될 수 있는지 주의 깊게 살펴볼 필요가 있다. 그런데 공정이용은 기본적으로 저작권자 등의 권리를 제한하는 것이다 보니 실무에서는 공정이용이라는 이유로 저작권 침해가 부정되는 경우를 사실상 찾아보기 어렵다.

공표된 저작물의
인용

1 개요 및 관련 판례

저작권법 제28조(공표된 저작물의 인용)에서는 '공표된 저작물은 보도·비평·교육·연구 등을 위하여는 정당한 범위 안에서 공정한 관행에 합치되게 이를 인용할 수 있다'라고 규정하고 있다.

여기서 인용이라 함은 타인이 자신의 사상이나 감정을 표현한 저작물을 그 표현 그대로 끌어다 쓰는 것을 말하는데, 인용을 하면서 약간의 수정이나 변경을 하더라도 인용되는 저작물의 기본적 동일성에 변함이 없고 그 표현의 본질적 특성을 그대로 느낄 수 있다면 이 역시 인용에 해당한다.

그리고 법문은 '인용할 수 있다'고만 규정하고 있지만, 소극적으로 타인의 저작물을 복제하여 그 용도대로 사용하는데 그치지 않고, 적극적으로 자신이 저작하는 저작물 속에 타인의 저작물을 인용하여 이용할 수 있다는 취지이므로, 인용된 부분이 복제·배포되거나 공연·방송·공중송신·전송

되는 것도 허용된다. 결국, 정당한 인용은 복제권 뿐만 아니라 배포권·공연권·방송권·공중송신권 등 저작재산권 일반에 대한 제한 사유가 된다.

저작권법 제28조는 새로운 저작물을 작성하기 위하여 기존 저작물을 이용하여야 하는 경우가 많고, 기존 저작물의 인용이 널리 행해지고 있는 점을 고려하여 기존 저작물의 합리적 인용을 허용함으로써 문화 및 관련 산업의 향상 발전이라는 저작권법의 목적을 달성하려는 데 그 입법 취지가 있다. 이러한 입법 취지에 비추어 보면, 저작권법 제28조에서 규정한 '보도·비평·교육·연구 등'은 인용 목적의 예시에 해당한다고 봄이 타당하므로, 인용이 창조적이고 생산적인 목적을 위한 것이라면 그것이 정당한 범위 안에서 공정한 관행에 합치되게 이루어지는 한 저작권법 제28조에 의하여 허용된다고 할 수 있다.

'정당한 범위 안에서 공정한 관행에 합치되게 인용'한 것인지 여부는 인용의 목적, 저작물의 성질, 인용된 내용과 분량, 피인용저작물을 수록한 방법과 형태, 독자의 일반적 관념, 원저작물에 대한 수요를 대체하는지 여부 등을 종합적으로 고려하여 판단하여야 한다.[81] 그리고 반드시 비영리적인 이용이어야만 하는 것은 아니지만 영리적인 목적을 위한 이용은 자유 이용이 허용되는 범위가 상당히 좁아진다.

---

81) 대법원 2006. 2. 9. 선고 2005도7793 판결

한편, 저작권법 제37조에서는 저작권법 제28조 등에 따라 저작권을 이용하는 자는 저작물의 이용 상황에 따라 합리적이라고 인정되는 방법으로 그 출처를 명시하도록 하고 있으므로, 타인의 저작물을 인용하는 경우에는 반드시 합리적인 방법으로 그 출처를 명시하여야 한다.

이하에서는 앞서 본 〈Be The Reds〉 사건(249쪽 참고)을 통해 미술저작물과 관련된 '공표된 저작물의 인용'에 관해 살펴보겠다.

■ 이 사건 침해 사진들의 게시에 의한 복제 등이 '공표된 저작물의 인용'에 해당하는지 여부(X)

B회사(침해자)는 사진저작권자들의 위탁에 따라 사진을 홈페이지에 게시하고 그 이용을 원하는 사람들에게 양도나 이용 허락을 한 후 그로 인한 수익을 사진저작권자들과 배분하고 있으므로, B회사가 이 사건 침해 사진들을 홈페이지에 게시한 행위는 영리를 목적으로 한 것이다.

그리고 이 사건 저작물은 그 성격상 저작자의 창조적 개성의 발휘에 따른 미적 표현이 드러나 있는 미술저작물의 일종이고, 이 사건 침해 사진들은 월드컵 분위기를 표현하기 위하여 월드컵의 응원 문화를 상징하는 이 사건 저작물을 특별한 변형 없이 촬영하여 만든 것이다.

그러므로 이 사건 침해 사진들이 이 사건 저작물을 단순히 대체하는 수준을 넘어 그와 별개의 목적이나 성격을 갖게 된다고 볼 수는 없다.

또한 이 사건 침해 사진들에는 이 사건 저작물의 원래 모습이 온전히 또는 대부분 인식이 가능한 크기와 형태로 사진의 중심부에 위치하여 양적·질적으로 상당한 비중을 차지하고 있다.

게다가 이 사건 침해 사진들은 월드컵 분위기를 형상화한 사진의 수요자들에게 유상으로 양도하거나 이용 허락을 하기 위하여 월드컵의 응원 문화를 상징하는 대표적인 표현물 가운데 하나로 널리 알려진 이 사건 저작물이 그려진 티셔츠 등을 착용한 모델을 촬영한 것인데, 이 사건 저작물이 충분히 인식될 수 있는 크기와 형태로 포함되어 있음에도 B 회사가 이를 홈페이지에 무단으로 게시하여 그 양도·이용 허락 중개업을 할 수 있도록 한다면 시장에서 이 사건 저작물의 수요를 대체함으로써 결과적으로 저작권자의 저작물 이용 허락에 따른 이용료 수입을 감소시킬 것으로 보인다.

나아가 B회사가 사진의 양도나 이용 허락 계약을 중개하는 것에 불과하고 게시하는 사진이 대량이라고 하더라도, 그 과정에서 직접적으로 사진에 포함된 타인의 저작물도 함께 복제하는 등의 행위를 하게 되는 이상, 그로 인한 저작권 침해가 일어나는 일이 없도록 주의를 기울여야 하고, 이와 달리 타인의 저작물이 포함된 사진인지 여부를 불문하고 모두 홈페이지에 게시한 다음 그 저작물에 관하여 이용 허락을 받을 것인지 여부를 오로지 사진 이용자들의 책임으로 돌리는 것은 부당하다.

위와 같은 사정들을 종합하면, B회사가 홈페이지에 게시한 이 사건 침해 사진들에서 이 사건 저작물이 정당한 범위 안에서 공정한 관행에 합치되게 인용된 것이라고 보기 어렵다.

평 석

이 사건의 2심 법원은 "이 사건 저작물이 갖는 표현력 가운데 상당 부분은 불특정 다수의 공중에 의해서 부여된 것으로서 자유 이용이 가능한 공중의 영역 내에 있거나 그에 근접해 있다고 볼 여지가 있다. 한편 이 사건 저작물이 인쇄된 티셔츠 등을 착용한 인물을 표현에 이용하는 경우까지 침해에 해당한다거나 이 사건 저작물이 이용된 모든 경우에 이용 허락을 받을 것을 요구하게 되면, 이 사건 사진들과 같은 사진저작물은 물론이고 미술, 연극, 영상저작물 등에 대한 창작 활동을 통하여 2002년 당시 공중이 집단적으로 형성한 월드컵 이미지를 표현할 자유 내지 표현 방법 선택의 자유가 부당하게 제한될 우려도 있다. 그러므로 이 사건 저작물의 저작권자로서는 권리에 대한 본질적인 침해가 아닌 한 공공복리와 문화의 다양성과 발전을 목적으로 하는 저작권법의 이념상 그 이용을 수인할 의무가 있다고 볼 여지가 있다"라고 판시함으로써, 저작권법 제28조가 규정한 '공표된 저작물의 인용'에 해당한다는 취지로 판결하였다.

그러나 대법원은 ① B회사가 이 사건 침해 사진들을 게시한 것은 영리적인 목적으로 한 점, ② 이 사건 침해 사진들은 이 사건 저작물과 대체하는 수준에 그치고 있다는 점, ③ 이 사건 침해 사진들은 이 사건 저작물이 거의 그대로 인식될 수 있는 정도이면서 이 사건 침해 사진들에서 상당한 비중을 차지하고 있는 점, ④ B회사가 이 사건 침해 사진들을 홈페이지에 무단으로 게시하여 그 양도·이용 허락 중개업을 할 수 있도록 한다면 결과적으로 이 사건 저작물의 수요 대체로 인해 저작권자의 저작물 이용 허락에 따른 이용료 수입을 감소된다는 점 등을 고려하여, B회사의 이 사건 침해 사진들의 홈페이지 게시행위를 '공표된 저작물의 인용'으로 인정하지 않았다.

2 패러디와 저작권 침해

기존의 저작물에 풍자나 비평 등으로 새로운 창작적 노력을 부가함으로써 사회 전체적으로 유용한 이익을 가져다 줄 수 있는 점이나 저작권법 제28조에서 '공표된 저작물은 보도·비평·교육·연구 등을 위하여는 정당한 범위 안에서 공정한 관행에 합치되게 이를 인용할 수 있다'고 규정하고 있는 점 등에 비추어 이른바 패러디가 당해 저작물에 대한 자유 이용의 범주로서 허용될 여지가 있음은 부인할 수 없다.

그러한 패러디는 우리 저작권법이 인정하고 있는 저작권자의 동일성유지권과 필연적으로 충돌할 수밖에 없는 이상 그러한 동일성유지권의 본질적인 부분을 침해하지 않는 범위 내에서 예외적으로만 허용되는 것으로 보아야 할 것이고, 이러한 관점에서 패러디로서 저작물의 변형적 이용이 허용되는 경우인지 여부는 저작권법 제28조 및 제13조 제2항의 규정취지에 비추어, 원저작물에 대한 비평·풍자 여부, 원저작물의 이용 목적과 성격, 이용된 부분의 분량과 질, 이용된 방법과 형태, 소비자들의 일반적인 관념, 원저작물에 대한 시장 수요 내지 가치에 미치는 영향 등을 종합적으로 고려하여 신중하게 판단하여야 할 것이다.[82] 대개 성공한 패러디는 독립저작물로서 저작권 침해가 되지 않는 반면, 실패한 패러디는 2차적저작물로서 저작권 침해에 해당하게 된다.

[82) 서울지방법원 2001. 11. 1. 자 2001카합1837 결정

13

미술저작물 등의
전시 또는 복제

미술저작물은 일품 제작의 형태로 만들어진다는 점에서 다른 저작물과는 다른 특징을 가지고, 그 성질상 복제를 통한 이용보다는 원본의 전시를 통해 일반 공중이 향유할 수 있도록 하는 것이 일반적인 이용 형태이다. 그래서 미술저작물이 양도 등의 사유로 저작자와 소유자가 달라지는 경우 그 이해관계를 조정할 필요가 있다.

이를 위해 저작권법은 제35조 제1항에서 "미술저작물 등의 원본의 소유자 또는 그의 동의를 얻은 자는 그 저작물을 원본에 의하여 전시할 수 있다"는 규정을 두고, 저작권자의 권리가 지나치게 제한되는 것을 막기 위하여 같은 항 단서에서 "다만, 가로·공원·공원·건축물의 외벽 그 밖에 공중에게 개방된 장소에 항시 전시하는 경우에는 그러하지 아니하다"라고 규정하고 있다.

또한 저작권법 제35조 제3항에서는 "미술저작물 등의 원본을 판매하고자 하는 자는 그 저작물의 해설이나 소개를 목적으로 하는 목록 형태의 책자에 이를 복제하여 배포할 수 있다"라고 규정하여, 미술저작물 등의 원본 소유자나 이를 판매하고자 하는 자에게 일정한 범위의 권리를 허여하고 있다. 미술저작물을 판매하기 위한 홍보물 등을 제작하기 위해 저작권자의 동의를 필요로 한다면 소유권이 지나치게 제한되어 불합리하고 미술저작물의 유통성이나 상품 가치를 떨어뜨릴 수 있기 때문이다.[83]

한편, 저작권법 제35조 제2항에서는 개방된 장소에 항시 전시되어 있는 미술저작물 등은 어떠한 방법으로든지 이를 복제하여 이용할 수 있고, 다만, ① 건축물을 건축물로 복제하는 경우, ② 조각 또는 회화를 조각 또는 회화로 복제하는 경우, ③ 개방된 장소 등에 항시 전시하기 위하여 복제하는 경우 및 ④ 판매의 목적으로 복제하는 경우에는 위와 같은 복제를 허용하지 않고 있다. 즉, 미술저작물 등이 가로·공원·공원·건축물의 외벽 그 밖에 공중에게 개방된 장소에 항시 전시하는 경우에는 일정한 예외 사유를 제외하고는 어떠한 방법으로든지 이를 복제할 수 있다는 것이다.

이는 미술저작물의 원작품이 불특정 다수인이 자유롭게 볼 수 있는 개방된 장소에 항상 설치되어 있는 경우에 만약 당해 미술저작물의 복제에 의한 이용에 대해 저작재산권에 기초한 권리 주장을 아무런 제한 없이 인정하게 되면 일반인의 행동의 자유를 지나치게 억제하게 되어 바람직하지 않고,

---

83) 서울중앙지방법원 2008. 10. 17. 선고 2008가합21261 판결

이러한 경우에는 일반인에게 자유로운 복제를 허용하는 것이 사회적 관행에 합치하기 때문이다.

여기서 말하는 복제란 인쇄·사진 촬영·복사·녹음·녹화 그 밖의 방법으로 일시적 또는 영구적으로 유형물에 고정하거나 다시 제작하는 것을 말하며, 건축물의 경우에는 그 건축을 위한 모형 또는 설계도서에 따라 이를 시공하는 것을 포함한다(저작권법 제2조 제22호).

이러한 저작권법 제35조 제1항 및 제2항과 관련해서는 앞서 본 〈미술품 경매를 위한 홈페이지 게재〉 사건(194쪽 참고)에서 살펴보았으므로, 여기서는 저작권법 제35조 제2항과 관련된 사례들에 대해 살펴보도록 하겠다.

(1) 〈호텔라운지 설치 미술〉 사건

이 사건은 저작권법 제35조 제2항의 '개방된 장소'의 의미와 관련하여 호텔라운지가 이에 해당하는지가 쟁점이 된 사건이었다. 즉, 호텔라운지가 개방된 장소에 해당한다면 저작권법 제35조 제2항이 적용되어 누구든지 호텔라운지에 설치된 미술을 복제할 수 있는 여지가 있는 것이고, 만일 개방된 장소의 개념에 호텔라운지가 포함되지 않는다면 저작권법 제35조 제2항이 적용되지 않아 해당 미술 저작권자의 허락 없이는 복제를 할 수 없게 되는 것이다.

〈호텔라운지 설치 미술〉 사건⁸⁴⁾

A는 미술작가로서 H호텔 1층 라운지의 한 쪽 벽면에 들판을 달리는 말의 군상을 형상화한 설치 작품(이하 'A 작품'이라고 함)을 제작하였다.

B회사는 광고업무 대행회사인 C회사와 광고업무를 포괄적으로 위탁하는 광고대행계약을 체결하고 있었고, 자사의 아파트 브랜드를 홍보하기 위하여 C회사에게 동영상 광고제작을 의뢰하였다. C회사는 광고제작사인 D프로덕션에 구체적인 광고제작을 위탁하였다.

D프로덕션은 A의 작품이 설치되어 있는 H호텔 라운지에서 TV 광고 작품을 촬영하였고, 완성된 광고 작품의 처음 부분 10초간 A 작품이 광고 출연자의 뒷부분 배경 화면으로 나오며, A 작품에 대한 저작자의 표시가 되어 있지는 않았다. B회사는 위 광고 작품을 TV를 통해 방영하였고, 인터넷 홈페이지의 서버에 올렸다.

그런데 A로부터 저작권 침해의 주장이 제기되자 B회사 등은 TV 광고와 인터넷 홈페이지에 돌려진 동영상 광고에 삽입된 A 작품이 보이지 않도록 삭제하였다. 그 후 A는 B회사와 C회사를 상대로 H호텔 1층 라운지에 전시되어 있는 A 설치 작품을 무단으로 방송 내지 전송한 행위는 A 작품에 대한 A의 저작권을 침해한다고 주장하여 그에 따른 손해배상 청구 소송을 제기하였다.

---

84) 서울중앙지방법원 2007. 5. 17. 선고 2006가합104292 판결

■ 호텔 라운지에 A 작품이 설치된 것이 일반 공중에게 개방된 장소에 항시 전시되어 있는 것인지 여부(X)

저작권법 제35조의 입법 취지와 조문의 형식과 구조 등을 고려할 때, 저작권법 제35조 제2항에 정해진 '일반 공중에게 개방된 장소'라고 함은 도로나 공원 기타 일반 공중이 자유롭게 출입할 수 있는 옥외의 장소와 건조물의 외벽 기타 일반 공중이 보기 쉬운 옥외의 장소를 말하는 것이고, 옥내의 장소는 비록 일반 공중이 자유롭게 출입할 수 있다고 하더라도 일반 공중이 쉽게 볼 수 있는 곳이라고 볼 수 없으므로 이에 해당하지 않는다고 봄이 상당하다.

만일 옥내의 장소도 일반 공중이 자유롭게 출입할 수 있다는 이유로 개방된 장소에 포함된다고 해석하게 되면 미술저작물의 소유자가 일반 공중의 출입이 자유로운 건축물 내부의 장소에서 그 미술저작물을 전시하는 경우에도 항상 저작권자의 동의가 필요하다는 불합리한 결과가 초래된다.

H호텔 1층 라운지는 일반 공중이 자유롭게 출입할 수 있는 장소에 해당하지만 H호텔의 내부 공간으로서 저작권법 제35조 제2항의 '일반 공중에게 개방된 장소'에 해당하지 않는다. 따라서 B회사 등의 행위가 A의 미술저작물의 자유 이용에 해당하여 저작권 침해가 아니라는 B회사 등의 주장은 받아들여지지 않는다.

이 사건은 A 작품이 설치된 장소가 저작권법 제35조 제2항에 따라 어떠한 방법으로도 복제가 가능한 일반 공중에게 개방된 장소인지가 쟁점이 된 사건이었다. 이 사건에서 법원은 "일반 공중에게 개방된 장소라는 것은 일반 공중들이 자유롭게 출입할 수 있는 옥외의 장소를 의미한다"고 판단하고 만일 위와 같이 해석하지 않으면, 일반 공중에게 개방된 장소에 일반 공중의 출입이 자유로운 옥내의 장소를 포함시키게 되고, 그렇게 되면 저작권법 제35조 제1항에 따라 미술저작물 등의 원본 소유자 등이 그 미술저작물 등을 위와 같은 옥내의 장소에 전시하려고 할 때도 항상 저작권자의 동의를 받아야 하는 불합리한 결과가 발생하게 된다고 설명하였다.

(2) 〈건축물 배경 광고〉 사건

이 사건은 비록 미술저작물이 아닌 건축저작물에 관한 사례이긴 하나, 저작권법 제35조 제2항과 관련하여 가로·공원·건축물의 외벽 그 밖에 공중에게 개방된 장소에 항시 전시된 미술저작물 등을 배경으로 한 광고촬영(복제)이 해당 미술저작물 등의 저작권자의 동의 없이도 가능한지에 대한 판단의 근거를 제시하고 있다는 측면에서 이 사례를 여기서 소개해 보고자 한다.

〈건축물 배경 광고〉 사건[85]

A는 OO하우스를 설계·감리하였다. C회사는 B회사를 위하여 광고를 제작하는 회사로서, OO하우스 소유자인 D에게 장소 사용 대금을 지급하고, B회사를 위한 TV 광고, 인터넷 동영상 광고 및 잡지의 지면 광고를 제작하였다.

C회사가 제작한 TV 및 인터넷 동영상 광고 가운데 OO하우스가 나오는 장면이 포함되었다. B회사는 TV, 잡지 및 인터넷 동영상 등을 통하여 위 광고를 내보냈다.

이에 A는 자신이 저작권을 가지고 있는 OO하우스의 건물 일부를 B회사 및 C회사가 무단으로 광고에 사용함으로써, A의 저작권을 침해했다는 이유로, B회사와 C회사를 상대로 하여 저작권 침해에 따른 손해배상 청구 소송을 제기하였다.

■ OO하우스가 일반 공중에게 개방된 장소에 항시 전시되어 있는 것이어서 저작권법 제35조 제2항에 의하여 자유롭게 복제할 수 있는 저작물에 해당하는지 여부(X)

A의 건축물은 저작권법 제35조 제2항이 규정하는 '가로·공원·건축물의 외벽 그 밖에 공중에게 개방된 장소에 항시 전시하는 경우'에 해당하는 저작물이므로 어떠한 방법으로

---

85) 서울중앙지방법원 2007. 9. 12. 선고 2006가단208142 판결

든지 이를 복제하여 이용할 수 있으나, 광고에 이용 하는 행위는 위 제35조 제2항 제4호 소정의 '판매의 목적으로 복제하는 경우'에 해당한다고 보아야 한다.

■ B회사 등의 광고 내용이 A의 건축저작권을 침해하는지 여부(X)

B회사 등의 위 광고에 사용된 부분은 OO하우스의 한쪽 벽면 가운데 일부에 불과하고, 이를 통하여 볼 수 있는 것도 U자형 블록이 쌓여 있는 형태일 뿐이며, 공간 및 각종 구성 부분의 배치와 조합을 포함한 전체적인 디자인 또는 틀을 인지하기는 어렵다.

게다가 B회사 등의 위 광고가 '창작성이 있는 표현 부분을 복제한 것으로서 양적 또는 질적으로 실질성을 갖춘 경우'에 해당한다고 보기도 어렵다. 또 B회사 등의 광고 내용에 나타난 벽면이 전체적인 건축저작물과 독립하여 별개의 미술저작물에 해당한다고 보이지도 않으므로, 이러한 일부분이 광고에 노출되었다고 하여 A의 저작권이 침해되었다고 볼 수는 없다.

전체적인 디자인과 틀, 배치라는 관점에서 보면 A의 OO하우스가 예술적인 건축저작물인 점은 인정되지만, B회사 등이 배경으로 사용한 벽면 그 자체는 건축저작물성이 인정되기 어려운 일반 상가 또는 레스토랑 건물의 벽면에서도 볼 수 있을 것 같은 모습이다.

그럼에도 불구하고 OO하우스 자체가 건축저작물에 해당한다는 이유만으로 전체적인 틀과 디자인을 감득할 수 없는 일부분을 영상으로 사용하는 경우에까지 저작권자의 동의를 받도록 하는 것은 저작권법의 목적, 건축저작물을 보호하는 취지, 저작권법 제35조의 입법이유 등에 비추어 저작권자에게 과도한 보호를 주는 것이 될 것이다.

공공장소에 서 있는 건축저작물은 공공의 재산이라고 할 수 있는 경관과 경치의 일부분을 구성한다는 점에서 위와 같은 결론이 저작권자 개인의 사적 이익과 공공의 이익을 조화시키는 해석이라고 할 것이다. 따라서 위 광고에 의하여 A의 저작권이 침해당하였다고 인정하기는 어렵다.

평석

OO하우스는 건축물이므로 일반 공중에게 개방된 장소에 항시 전시되어 있는 것은 분명하다. 따라서 이러한 건축물은 어떠한 방법으로도 그것을 복제하여 이용할 수 있는 것이 원칙이다. 그러나 저작권법 제35조 제2항 각 호에서는 위와 같이 일반 공중에게 개방된 장소에 항시 전시된 건축물 등의 경우에도 그 복제가 허용되지 않는 경우를 규정하고 있는데, 그 가운데 하나가 '판매의 목적으로 복제하는 경우'이다. 이 사건에서 법원은 광고를 위하여 건축물 등을 복제하는 것은 위 '판매의 목적으로 복제하는 경우'에 해당한다고 보았고, 이에 따라 이 사건에서 B회사 등이 OO하우스를 배경으로 광고를 촬영하는 것은 원칙적으로는 저작권자의 허락 하에서만 가능하다고 판단하였다. 그런데 B회사 등은 A의 허락 없이 광고를 촬영하여 이를 내보냈으므로, A의 저작권을 침해할 여지는 있다 할 것이다.

그리고 전체적으로 복제하는 경우뿐만 아니라, 일부분을 복제하는 경우에도 복제권 침해가 될 수 있다. 그러나 그 복제된 부분이 창작성이 있는 표현으로서 양적 또는 질적으로 실질성을 갖춘 경우에 해당해야만 복제권 침해를 인정할 수 있다.

이러한 관점에서 볼 때, B회사의 광고 내용에는 OO하우스의 일부분만 담겨 있고, 그 부분은 일반 상가 건물의 벽면 정도에 불과하다. 따라서 OO하우스의 전체적 디자인 등이 건축저작물에 해당하는 것과는 별개로, 위와 같은 벽면 부분은 창작성이 있는 건축저작물로 볼 수는 없기 때문에 이를 저작권 침해로 볼 수는 없다는 것이 이 사건 법원의 판단이다.

|4|
사적 이용을 위한
복제

저작권법 제30조에서는 '공표된 저작물을 영리를 목적으로 하지 아니하고 개인적으로 이용하거나 가정 및 이에 준하는 한정된 범위 안에서 이용하는 경우에는 그 이용자는 이를 복제할 수 있다. 다만, 공중의 사용에 제공하기 위하여 설치된 복사기기에 의한 복제는 그러하지 아니하다' 라고 규정하고 있다.

'개인적으로 이용하거나 가정 및 이에 준하는 한정된 범위 안에서의 이용' 에 해당하기 위해서는 복제를 하는 이용자들이 다수 집단이 아니어야 하고, 그 이용자들 서로 간에 어느 정도의 긴밀한 인적 결합이 존재할 것이 요구된다. 따라서 친밀한 관계가 유지되는 극히 한정된 사람들 사이에서 이용하는 경우에만 본 규정이 적용되는 것이다. 이와 관련하여 대법원은 "기업 내부에서 업무상 이용하기 위하여 저작물을 복제하는 행위는 개인적으로 이용하는 것이라거나 가정 및 이에 준하는 한정된 범위 안에서 이용하는 것이라고 볼 수 없다"고 판시한 바가 있다.

미술저작물과 관련하여 '사적 이용을 위한 복제'가 문제된 사례로는 앞서 본 〈모방 공예품 방송 출연〉 사건(203쪽 참고)이 있다. 이 사건에서 법원은 비록 B(침해자)가 영리를 목적으로 하지 않고 개인적으로 이용하거나 가정 및 이에 준하는 한정된 범위 안에서 이용하기 위하여 A(저작권자)의 공예품들을 복제하였다고 하더라도, B가 방송에 출연하여 자신이 만든 복제품을 공중송신한 이상 이러한 행위는 저작권법 제30조에서 말하는 사적 이용의 범주를 넘는다고 판시함으로써, B의 사적 이용을 위한 복제라는 항변을 배척했다.

5

저작물의
공정한 이용

정보통신 기술의 발달과 더불어 새로운 유형의 저작물 이용 형태가 계속해서 등장함에 따라 기존 개별적인 저작재산권의 제한 규정만으로는 저작물 이용 행위 모두를 공정이용으로 포함시킬 수 없게 되었다. 이에 저작권법에서는 공정이용에 관한 보충적 규정으로 '저작물의 공정한 이용'에 관한 규정(저작권법 제35조의3)을 신설하였다. 이는 개별적·구체적인 공정이용에 관한 규정을 적용할 수 없는 이용 행위에 대하여도 일정한 요건을 갖춘 경우에 이를 공정이용으로 인정하기 위한 포괄적 공정이용 조항이다.

위 '저작물의 공정한 이용'에 관한 저작권법 제35조의3에서는 저작물의 통상적인 이용 방법과 충돌하지 아니하고 저작권자의 정당한 이익을 부당하게 해치지 않는 경우에는 저작물을 이용할 수 있는데, 이 경우 ① 이용의 목적 및 성격, ② 저작물의 종류 및 용도, ③ 이용된 부분이 저작물 전체에서 차지하는 비중과 그 중요성 및 ④ 저작물의 이용이 그 저작물의 현재 시장 또는 가치나 잠재적인 시장 또는 가치에 미치는 영향 등을 고려하여야 한다고 규정하고 있다.

아직까지는 이와 관련된 사례가 많지 않지만, 앞서 본 〈머그컵 문양 사용〉 사건(172쪽 참고)[86]에서 이와 관련된 판시 내용이 있어서 간단하게 다시 살펴보겠다.

■ B회사가 A회사의 허락 없이 이 사건 문양을 인터넷 사이트에 게시한 것이 저작물의 공정한 이용에 해당한다고 볼 수 있는지(O)

저작권법은 위와 같은 저작물을 보호함과 동시에 저작물의 공정한 이용을 도모하는 것 또한 그 입법 목적으로 규정하고 있다(저작권법 제1조). 즉 저작권법은 저작물에 대한 저작권자의 권리를 법적으로 보호함으로써 창작 의욕을 고취시키고 저작권자의 권리를 보장하면서도, 한편 위와 같이 창작된 저작물을 일반 공중이 사용함으로써 사회·경제적 이익을 향상시킬 수 있는 길을 열어 두어, 저작물에 대한 저작자의 독점적 권리와 일반 공중의 이익의 조화를 목적으로 하고 있다.

이러한 점에 비추어 볼 때, 저작권자의 권리를 어느 정도 보호할 것인지 여부는 해당 저작물을 창작하게 된 경위와 그 목적, 저작물의 이용 형태, 저작물의 사회적 용도와 기능 등을 종합적으로 고려하여 판단할 것인바, 이 사건 문양들과 같이 상업적인 대량생산에 이용되거나 실용적인 기능을 주된 목적으로 하여 창작된 응용미술 작품의 경우에는 저작권

---

86) 서울서부지방법원 2012. 2. 17. 선고 2011가합5721 판결

법상 저작물로 보호된다하더라도 그 보호 범위는 제한되어
야 할 것이다.

이 사건 문양들은 A회사의 상품 판매를 위한 저작물이고,
B회사의 위 상품 판매 행위는 진정상품의 병행수입에 해당
하여 A회사의 상표권을 침해한다고 보기도 어려운 점을 고
려한다면, B회사가 상품의 판매를 위하여 위 문양을 복제·
게시한 행위는 A회사의 이익을 부당하게 해친다거나 저작물
의 통상적인 이용 방법과 충돌한다고 보기 어려워 저작물의
공정한 이용에 해당하는 측면 또한 존재한다.

평 석

이 사건에서 법원은 비록 B회사가 A회사의 이 사건 문양들
을 인터넷 사이트에 게재하였더라도 이러한 게재 행위는 해
당 저작물을 창작하게 된 경위와 그 목적, 저작물의 이용 형
태, 저작물의 사회적 용도와 기능 등을 종합적으로 고려해
보았을 때, 저작권법 제35조의3에서 규정하고 있는 저작물
의 공정한 이용에 따라 저작권 침해에 해당하지 않는다는
취지로 판단하였다.